Imperialismo
Ainda faz sentido na era da globalização?

Diego Pautasso

IMPERIALISMO

Ainda faz sentido na era da globalização?

cultura

ISBN: 978-65-5748-029-8

EDITORA DE CULTURA
Rua Baceúnas, 180
CEP 03127-060 – São Paulo – SP – Brasil
Fone: 55 (11) 2894-5100
atendimento@editoradecultura.com.br
www.editoradecultura.com.br

Primeira edição: Junho de 2022
Impressão: 5ª 4ª 3ª 2ª 1ª
Ano: 26 25 24 23 22

CIP-BRASIL. CATALOGAÇÃO NA PUBLICAÇÃO
SINDICATO NACIONAL DOS EDITORES DE LIVROS, RJ
Gabriela Faray Ferreira Lopes – CRB-7/6643

P361I

Pautasso, Diego, 1980-

Imperialismo. Ainda faz sentido na era da globalização? / Diego Pautasso. - 1. ed. - São Paulo : Cultura, 2022.

112 p. ; 18 cm (Inquietações contemporâneas)

ISBN 978-65-5748-029-8

1. Imperialismo. 2. Globalização - aspectos econômicos. I. Título. II. Série.

22-77139 CDD: 325.32

CDU: 327.2

Sumário

Primeiras palavras 7

1. Impérios antes do imperialismo 10
2. Do capitalismo liberal ao imperialismo 22
3. Imperialismo: das guerras mundiais ao mundo bipolar 31
4. Imperialismo e globalização: novos entrelaçamentos 47
5. Estados Unidos: fase superior do imperialismo 63
6. A China é imperialista? 85

Palavras finais 99
Saber mais 105
Sobre o autor 108

Primeiras palavras

Desde os anos 1990, após o colapso do bloco soviético, tornou-se recorrente o discurso da globalização, que passou a ser a explicação para todas as mudanças sociais, econômicas, tecnológicas, culturais e políticas em curso no mundo. Ou a justificativa, quase sempre voltada a legitimar uma agenda (neo)liberal, incluindo o desmonte dos Estados nacionais, dos direitos sociais e dos serviços públicos, bem como de abertura (quase sempre unilateral) dos mercados.

Toda essa narrativa de uma nova Era de Globalização se prestou, por um lado, a vender ilusões acerca de uma integração dos mercados mundiais, da criação de uma aldeia global e/ou de uma sociedade do conhecimento sem fronteiras. Por outro, serviu para turvar tendências do capitalismo que não haviam desaparecido, mas se aprofundado. A desigualdade se tornou mais explícita, enquanto o **intervencionismo** 🔗 ▼ e o uso da força dos Estados Unidos e seus aliados de forma nenhuma desaparecia.

> 🔗 INTERVENCIONISMO
>
> **Política de um Estado baseada no recurso à força unilateral, violando princípios de soberania e autodeterminação de outras nações, bem como o direito internacional e os fóruns multilaterais.**

Neste livro, pretendemos argumentar que o imperialismo, termo corrente no século 19, é irmão siamês do capitalismo liberal. Embora tenha perdido espaço na mídia, nas pesquisas acadêmicas e até em meios políticos progressistas, o imperialismo nunca foi tão evidente e jamais teve tanto poder destrutivo como na atualidade. Obviamente, suas dinâmicas apresentam características típicas do século 21, mas tampouco deixaram para trás sua natureza do século 19. Assim, jamais o conceito poderia ter sido deixado de lado, sob pena de comprometer o entendimento das relações internacionais contemporâneas, das guerras, dos golpes de estado, das ações de desestabilização, das sanções, da pilhagem econômica, da imposição de agendas antinacionais entre muitos outros processos. Não poderia ter sido deixado de lado especialmente porque desmagnetiza qualquer bússola política com ambições de transformar o mundo.

Não resta dúvida de que o mundo atual está em uma encruzilhada. São evidentes as grandes mudanças na distribuição de poder e as aceleradas transformações técnico-produtivas. Movem-se rapidamente as dinâmicas geopolíticas, enquanto os Estados Unidos buscam enfrentar os países desafiantes enquanto lidam com suas próprias dificuldades domésticas. Quais serão os desdobramentos sistêmicos decorrentes da errática trajetória recente da maior potência imperialista da história?

Este trabalho é uma pequena reconstituição da história do imperialismo na contemporaneidade e uma provocação para que o conceito volte ao centro das análises e das lutas políticas.

Boa leitura!

1
Impérios antes do imperialismo

Em cerca de 99% de sua evolução, o ser humano atuou como coletor e caçador durante a Era Paleolítica ou da Pedra Lascada (até 10.000 a.C.). Os primeiros hominídeos (*homo habilis*) viveram há mais de 2 milhões de anos, enquanto o primeiro império, o acadiano, surgiu apenas em 2334 a.C., com capital na cidade de Acádia, na região da Mesopotâmia, Oriente Médio. Ou seja, os impérios representam uma fração ínfima da trajetória humana sobre a Terra. Contudo, se considerarmos que a nossa história se dá a partir da Era Neolítica ou da Pedra Polida (do ano 7000 a.C. até 2500 a.C.), marcada pelo surgimento de sociedades sedentárias e de estruturas complexas, com organizações estatais e divisão do trabalho, os impérios foram as formas dominantes de organização social. Como veremos, sob os mais diversos arranjos políticos e societários, os impérios foram decisivos na história humana nos últimos 3 milênios.

Assim, os Estados nacionais modernos, embora predominem na arena política internacional contemporânea, são construções ainda mais recentes. Quando a Organização das Nações Unidas (ONU) foi fundada, em 1945, havia apenas 51 países, pois grandes partes da África e da Ásia ainda estavam submetidas ao colonialismo. Foi no último quarto do século 20 que chegamos ao número de quase 200 países. Ou seja, quando olhamos a divisão política de um mapa múndi, com países, capitais, bandeiras e suas respectivas nacionalidades, é preciso lembrar que se trata de uma construção social muito recente!

Por isso, pode-se dizer que os impérios foram os responsáveis por modelar o mundo durante muitos milênios, em todos os quadrantes do globo, sob as mais diferentes configurações políticas. Organizações que envolveram variadas comunidades étnicas e religiosas, diversas formas de produzir e distribuir riquezas, diferentes mecanismos de exercício e legitimação do poder... Aliás, muitos Estados europeus ainda carregam em sua configuração política e em seu imaginário atual os traços de impérios que atravessaram sua história. Muitos, inclusive, viraram Estados modernos, mas com monarquias exercendo relevante papel político e cultural.

Como todo aparelho estatal, foram a coerção e a força que fundamentaram os impérios, sua construção e suas formas de ação. Por vezes, em alguns deles, predominavam a inclusão e a concessão de benefícios aos súditos; outros eram operados através de exclusão e exploração. Significa dizer que os impérios assumiram as mais variadas formas ao longo da história, criando e estabelecendo as mais diferentes formas de organização social.

É recorrente, contudo, que o Império Romano seja o arquétipo dessa formação política, que se associa a soluções centralizadoras para lidar com conflitos internos. Embora o império em Roma tenha sido marcado por expansionismo territorial e guerras, nem todos os impérios apresentaram tais ímpetos. Esta, aliás, é uma típica distorção eurocêntrica, que acaba por associar impérios a dominação estrangeira.

Na Europa, o império também esteve ligado a divindades como meios de legitimação do poder terreno, absoluto e permanente. Portanto, a religião e o imperador constituíam duas faces de um mesmo poder. Apesar de adaptações e mudanças de forma, os impérios atravessaram a história europeia desde a Antiguidade, passando pelos períodos Medieval e Moderno, até suas heranças presentes na atualidade em muitos Estados daquele continente.

Entretanto, o **etnocentrismo** tem contribuído para um profundo desconhecimento das histórias e das diversas formas assumidas pelos impérios para além do mundo europeu. Aliás, os primeiros impérios precedem o romano em mais de 2 mil anos. Entre os pioneiros constituídos historicamente temos, pela ordem, o Império Acadiano (2334 a.C.-2154 a.C.) na antiga Mesopotâmia; o Império Assírio (2025 a.C.-605 a.C.), com quase 1.500 anos de história na região onde hoje estão Iraque, Turquia, Síria e Irã; o Império Babilônico (1894 a.C-1595 a.C.) também no atual Iraque; o Império Hitita (1600 a.C.-1178 a.C.) na atual Turquia; o Império Egípcio (1550 a.C.-1077 a.C.) e o Império Kushita (760 a.C.-656 a.C.) no Egito e região; o Império Cartaginês (650 a.C.-146 a.C.), onde hoje se encontra a Tunísia; o Império Aquemênida (550 a.C.-330 a.C.), entre Turquia e Irã. Ou seja, o atual Oriente Médio foi um epicentro irradiador de civilização até se converter, de maneira caricata, em *locus* de terrorismo, fundamentalismo e guerras.

> **ETNOCENTRISMO**
>
> **Significa aplicar a própria cultura ou etnia como um quadro de referência para julgar diferentes práticas, comportamentos e crenças, produzindo, no saber científico, distorções, vieses e limitações profundos. Assim, o observador etnocêntrico se considera superior aos outros em cultura, hábitos, religião, idioma e formas de vida.**

Na origem do fenômeno está o pioneirismo dos hominídeos na passagem para o Neolítico, há mais de 8 mil anos, em razão de condições propícias à domesticação de plantas e animais no Oriente Médio. Gramíneas típicas de pradarias, como cevada, trigo e arroz, e grandes animais domesticáveis, como boi, porco e ovelha, se espalharam no eixo leste-oeste da Eurásia, propiciando o desenvolvimento da agricultura e da pecuária. Assim, o excedente de alimentos se relacionou com o aumento populacional e com inovações tecnológicas, facilitando o comércio, o desenvolvimento da escrita e a formação de cidades. A estratificação social deu base à formação de arranjos políticos estatais complexos e, consequentemente, de impérios.

Da mesma forma, entre os maiores impérios, grande parte sequer era ocidental. São os casos do

Império Turco-Otomano, responsável por ocupar partes da África, Ásia e Europa; do Império Mongol, fundado por Gêngis Khan em 1206, cuja ocupação territorial chegou a cerca de 33 milhões de quilômetros quadrados em seu apogeu; o Califado Omíada (árabe) que se estendia por uma área de aproximadamente 15 milhões de quilômetros quadrados, incorporando desde o atual Paquistão, cruzando o Oriente Médio, até a Península Ibérica; o Primeiro Império Persa, correspondendo ao que hoje vai desde a Bulgária, passando por Grécia, norte da África, Cáucaso e Ásia Central até o Paquistão.

Inclusive nas Américas, os impérios Maia, Inca e Asteca ainda são geralmente tratados como forma de descrever o cenário encontrado pelos europeus durante a expansão mercantil e a colonização do novo continente. Equivocadamente. Astecas e Maias foram civilizações pré-colombianas milenares – a complexidade da organização social, o conhecimento sobre agricultura, arquitetura, entre muitos outros, não é compatível com seu apagamento histórico.

Aqui, cabe uma nota sobre a China. A dinastia Chang (1766 a.C.-1027 a.C.) teria sido a primeira, com evidências históricas, governando o centro e o norte da atual China. Unificado pela dinastia Qin

(402 a.C.-221 a.C.) após três séculos de rivalidades e guerras, o Império Chinês foi um dos mais antigos, complexos, multiétnicos, desenvolvidos e longevos, desintegrado apenas em 1912. Fez parte do principal eixo civilizatório da humanidade até o advento das Grandes Navegações: a chamada Rota da Seda. Esta rede de fluxos de riqueza material e cultural foi formalmente estabelecida durante a dinastia Han, interligando o mundo eurasiático entre 130 a.C. e 1453 da era moderna. Assim, se estabeleceram várias vias de ligação entre a China e a Europa, passando por diversas regiões, como Índia, Ásia Central, Arábia, Turquia e Pérsia, bem como ligações marítimas desde a costa chinesa até o Mar Mediterrâneo.

Aliás, foi sob a dinastia Ming, no século 15, que o almirante Zheng comandou sete expedições navais quase um século antes das incursões marítimas europeias. As navegações de Zheng ocorreram sob a administração do imperador Yongle (1402-1424), num contexto de crise da China, e como forma da dinastia Ming de ampliar sua ascendência sobre a região, principalmente a Península Indo-Chinesa. A primeira expedição partiu em 1405, com mais de 60 navios e 27 mil homens, contornando o Sudeste da Ásia até a Índia. Nas demais, chegou a alcançar o Golfo Pérsico e a costa leste da África, até sua última viagem em 1431. Apesar de embarcações e contingentes muito maiores do que os europeus, as expedições chinesas não implicaram formação de colônias ou impérios comerciais.

Tendo surgido no mesmo contexto do Império Romano, o Chinês ressurgiu diversas vezes, mesmo diante de caos e mudanças dinásticas – diferentemente do europeu. Sua delimitação territorial variou ao longo da história; e a própria Muralha da China tinha concepção flexível e mutável, de acordo com as populações a serem incorporadas ou excluídas do seu domínio territorial. Os povos que viviam à margem do Império Chinês estabeleciam conexões com regiões distantes, que proporcionavam novos conhecimentos. Por isso, a relação com tais povos também não era de escravidão e pilhagem, mas tributária, constituindo alianças pragmáticas.

Cabe uma nota sobre os mecanismos de legitimidade do Império Chinês. Não obstante sua autoatribuída origem celestial, o pertencimento a ela dependia do lugar ocupado pelo indivíduo na ordem social. Inclusive, os povos estrangeiros eram tratados pelo governo por meio de funcionários selecionados por exames. Isso permitia a "bárbaros" ascender na carreira estatal, adquirindo as virtudes associadas ao bom governo. Aliás, em diversas oportunidades, o império foi formado por dinastias não *han* (chinesa), como as dinastias mongol (1279-1378) e manchu (1644-1911), que dominaram a China durante boa parte do seu último milênio imperial. Certamente, a forma de lidar com essa complexidade social e étnica contribui para explicar as diferentes trajetórias dos poderes imperiais.

Uma observação: são encontrados em sua longeva trajetória elementos-chaves para explicar continuidades da China atual, tanto em sua configuração multiétnica doméstica quanto na forma de interagir internacionalmente.

Os impérios não apresentam, pois, formas de governo, exercício de poder e legitimação similares. A relação do centro do império com suas periferias podia implicar desigualdades, mas não necessariamente pilhagem e escravidão. Por vezes, era marcada pela combinação entre tributos e proteção. Ou seja, os impérios foram caracterizados por complexos arranjos administrativos, políticos e econômicos.

E governar, alimentar e proteger de agressões de povos (semi)nômades ou outros impérios não era uma tarefa menor. Por isso, tais unidadespolíticas constituíram fatores de civilização, difusão de conhecimento e organização societária correspondente a seu tempo histórico.

Aliás, sequer é trivial definir conceitualmente um império. Em geral, trata-se de grandes unidades políticas com incorporação de diversos povos do seu entorno. Porém, temos Estados nacionais com grandes extensões territoriais (Estados Unidos, China, Rússia, Canadá, Brasil, Austrália); e a ampla maioria dos países não é formada por uma unidade entre povo (identidade nacional), poder político e território – ao contrário do que por vezes se supõe. Muitos, além de conterem amplas e diversas minorias, estabelecem claras desigualdades no acesso a bens e riquezas entre suas populações – apesar das tentativas de homogeneização étnico-cultural e da busca de construir a unidade da identidade nacional. Um olhar panorâmico permite ver a enorme flutuação das fronteiras ocorrida no século 20, bem como a persistente existência de diversos movimentos separatistas pelo mundo na atualidade.

O fato é que as configurações políticas – tribos, reinos, cidades-estados, impérios – são construções políticas e territoriais. Sofrem transformações históricas, absorvendo ou perdendo áreas de domínio, desenvolvendo extensões territoriais máximas e, depois, estando sujeitas ao desaparecimento. Passam por períodos de prosperidade, mas também por outros de crise. O mapa político mundial foi muito mais cambiável do que imaginamos.

Deve-se voltar a atenção para o fato de que a expansão dos impérios europeus ultramarínos, sobretudo Português, Espanhol, Holandês, Britânico e Francês, pavimentou as Grandes Navegações, o colonialismo, o mercantilismo e a escravidão moderna. Estes impérios unificaram o mundo e estabeleceram as condições para a passagem para o capitalismo e para o sistema interestatal moderno, após três séculos de integração mundial, mas também de pilhagem. Na virada do século 18 para o 19, a Primeira Revolução Industrial lança as bases do capitalismo a partir do Império Britânico, ligando o mundo através de navios a vapor. Foi somente na virada dos séculos seguintes, do 19 para o 20, com o advento da Segunda Revolução Industrial, que se constituiu o imperialismo derivado da fase madura do capitalismo, que se caracterizou por passar do estágio industrial e concorrencial para o de caráter oligopólico e financeiro. O capitalismo maduro e o imperialismo constituirão, pois, o objeto central deste livro.

Vamos a ele.

2
Do capitalismo liberal ao imperialismo

A história é feita de continuidades e mudanças. Com a passagem dos impérios históricos para o imperialismo moderno, não poderia ser diferente. Os impérios ultramarinos surgidos com as Grandes Navegações vão parir o capitalismo e este, em sua fase madura, o imperialismo. O ciclo neocolonial do século 19, que se abateu sobre África e Ásia, expressa bem essa transição. Combinou o ímpeto dos impérios antigos, como Portugal, com o acirramento da competição interimperialista de Grã-Bretanha e França. Agora, o Imperialismo passava a ser a política do grande capital monopolista projetado globalmente.

O amadurecimento do capitalismo se deu sob a égide do liberalismo. A corrente liberal, em sua autopropaganda, se apresentou como uma tradição política responsável por promover a democracia e o sufrágio universal, os direitos civis e até os direitos sociais. Percorrendo os clássicos do pensamento liberal, desde Locke, passando por Constant, Burke, Sieyés, Tocqueville, Stuart Mill e até Friedman, Mises e Hayek, não é isso que encontramos.

Como autoconsciência de uma classe de proprietários, o pensamento liberal se desenvolveu legitimando o desenvolvimento do capitalismo e todos os seus mecanismos de expropriação e de opressão. Todas as reivindicações em torno das leis pretendiam garantir os novos termos da propriedade privada e os direitos da comunidade de "indivíduos livres", em contraposição ao arbítrio das monarquias absolutistas. Não dizia respeito, portanto, à massa de trabalhadores e despossuídos.

Como a tradição liberal representava uma pequena minoria de proprietários e burgueses emergentes, sua posição tendeu historicamente à rejeição ao sufrágio universal e ao sistema eleitoral proporcional. Evidentemente, com a formação massiva da classe trabalhadora e o acelerado processo de urbanização, a democracia tampouco seria conveniente nesses termos. Dessa forma, há uma clara resistência ao sufrágio em compasso com a defesa do poder discricionário, do estado de exceção e do despotismo contra as massas sempre que o poder fugia ao controle da "elite".

Analisada em perspectiva histórica, a democratização esteve ligada a movimentos populares, que pretendiam a ampliação da participação popular, desde a Primavera dos Povos (1848), passando pelas revoluções socialistas (a começar pela russa de 1917) e pelo processo de descolonização e libertação nacional do Pós-Guerra, bem como pelo fortalecimento das classes trabalhadoras no mundo ocidental e na periferia do sistema internacional.

Em termos econômico-sociais, não é possível dissociar a ascensão dos dois principais países liberais (Grã-Bretanha e Estados Unidos) de processos de expropriação sistemáticos. Mesmo tendo combatido o tráfico de escravos em meados do século 19, a Grã-Bretanha também dominou o comércio escravocrata até a metade do século 18; assim como subjugou irlandeses em seu território; conduziu a exploração dos trabalhadores braçais (*coolies*) chineses e indianos; e, em escala maior, liderou a colonização dos povos afro-asiáticos entre o final do século 19 e a primeira metade do século 20. Já nos Estados Unidos, foram os "homens livres" que fizeram a "democracia para o povo dos senhores". Ao preservar liberdade e direitos aos proprietários, as pátrias anglo-saxãs das doutrinas liberais foram também os países da supremacia branca, da conquista do oeste contra os povos nativos (indígenas) ou da expansão colonial, sempre assente na escravidão de negros.

O liberalismo tampouco representou o livre comércio e a "mão invisível do mercado", supostamente reguladora das transações. A história dos países desenvolvidos, incluindos os que se autodefiniram como liberais, sempre se basearam em políticas de Estado para promover e regular o mercado. Políticas comerciais, tecnológicas, industriais e, inclusive, sociais foram decisivas para a competição internacional de suas corporações multinacionais, para a formação de mão de obra, para o adensamento do mercado doméstico e para a inovação, entre muitos outros aspectos. Ou seja, o "Estado mínimo" serviu mais para subjugar países periféricos do que para guiar as políticas de desenvolvimento dos países centrais.

Ou seja, seus dois epicentros, Grã-Bretanha e Estados Unidos, combinaram o universalismo liberal baseado na defesa das instituições internacionais, na abertura de mercados e na defesa dos direitos humanos paralelamente às políticas imperiais e etnocêntricas voltadas à desestabilização de governos, à abertura forçada de mercados e às intervenções militares. Mais do que isso: a expansão do Ocidente mobilizou a retórica liberal para levar adiante práticas de claro componente colonial-racial e de racialização do inimigo, buscando legitimar dominações e segregações.

Basta recorrer à genealogia do liberalismo para perceber seu "singular parto gêmeo" não apenas com o tráfico de escravos da Grã-Bretanha, mas com a desapropriação sistemática e/ou aniquilação de irlandeses e índios, exploração de *coolies* indianos e chineses, bem como pilhagens de povos colonizados.

Com efeito, o capitalismo liberal (concorrencial) foi a antessala de sua versão madura, o capitalismo financeiro (monopolista) ou o imperialismo. É uma transição que ocorre a partir da segunda metade do século 19 de forma completamente desigual. Assim, a partilha de vastos territórios na África e na Ásia englobou tanto os últimos ímpetos de potências ainda mercantilistas, como Portugal, quanto de potências propriamente imperialistas, como Grã-Bretanha e França. No primeiro caso, a Bélgica do rei Leopoldo II (1835-1909) realizou a mais predatória pilhagem e o genocídio mais abjeto, estimado em 10 milhões de congoleses mortos, enquanto os britânicos pautaram sua exploração da África do Sul sob o espectro colonial capitalista.

A Grã-Bretanha, pátria do liberalismo, da Revolução Industrial e do livre comércio, foi a mesma a impor tratados desiguais absolutamente imperialistas. São os casos do Tratado de Cooperação e Amizade com autoridades luso-brasileiras de 1810, que levou à abertura dos portos do Brasil, mas privilegiando fortemente os britânicos; da abertura forçada da China após as Guerras do Ópio (1840-1842 e 1856-1860); dos sucessivos tratados da Tailândia após 1824; de dois tratados com a Pérsia (1836 e 1857) e outros dois com o Império Otomano (1838 e 1861) entre outros. O imperialismo de livre comércio sempre se baseou em esquadras que combinavam força militar com poderio industrial e mercantil. Em outras palavras, os britânicos conseguiram acesso a mercados não apenas pela sua condição competitiva, mas pelo uso da força e da imposição de tratados desiguais.

O auge do Império Britânico, no início do século 20, abrangeu cerca de um quarto da população mundial e mais de 35 milhões de quilômetros quadrados (quase 25% da superfície terrestre e mais de quatro vezes o território brasileiro). O primeiro ciclo dessa expansão marítima no século 17 resultou em colônias na América do Norte e nas Índias Ocidentais, bem como entrepostos comerciais da Companhia das Índias; o segundo ciclo, na virada do século 18 para o 19, se deu com os novos assentamentos na Austrália, em regiões do atual Canadá e ainda no Ceilão, em Tobago, Málaca, Cingapura e Nova Zelândia entre outros; o terceiro ciclo, a partir de meados do século 19, começa com Índia, Birmânia (atual Mianmar) e avança para mais de 40% do território da África. Isso incluía um conjunto enorme de entrepostos e enclaves em posições estratégicas em todos os continentes e oceanos.

Quanto ao domínio britânico nos mares, as Malvinas (que os ingleses chamam de Falkland), ilhas localizadas no extremo sul do Oceano Atlântico, na plataforma continental da Patagônia, controlavam a passagem para o Oceano Pacífico; Gibraltar controlava o Estreito, na extremidade oeste do Mar Mediterrâneo, enquanto no outro extremo o controle ficava no Canal de Suez. Cingapura e Malásia permitiam o controle do Estreito de Málaca, além de um conjunto enorme de ilhas, como Santa Helena e Bermuda, no Atlântico; Seychelles, no Índico; Pitcairn, no Pacífico, entre muitos outros.

Nesse contexto de capitalismo maduro, financeiro-monopolista, foi impulsionada a lógica de dominação geopolítica e geoeconômica das regiões periféricas. Foi essa nova dinâmica de acumulação de riqueza e de poder que sacudiu o pensamento crítico na virada do século 19 para o 20, com importantes obras de intelectuais, como Robson, Hilferding, Rosa Luxemburgo, Kautsky e, sobretudo, Lênin, com seu famoso livro *Imperialismo, fase superior do capitalismo.* Nesta obra, escrita em 1916, portanto há mais de um século, Lênin traçou as características fundamentais do ciclo de expansão capitalista:

- concentração do capital;
- fusão do capital industrial e bancário;
- predomínio da exportação de capital;
- conformação de associações de corporações globais;
- partilha territorial.

Como veremos, o núcleo dessas proposições se mantém atual e, mais, foram aprofundadas. Dos primórdios do capitalismo aos dias atuais, o liberalismo compôs sua moldura ideológica e política. O imperialismo também se utilizou do discurso civilizador, do alegado fardo do homem branco, legitimando a exploração de vastas áreas da periferia. Assim, "promover a civilização", o livre mercado, a democracia, os direitos humanos, entre outros temas, foram sempre parte do léxico usado pelas potências ocidentais para sua expansão global. Desde sempre, foi "imperialismo de livre comércio", com variados graus de recurso à força. Não se pode, sob hipótese alguma, dissociar o desenvolvimento da Grã-Bretanha e a democracia britânica (expandida somente no Pós-Guerra!), assim como o poder estadunidense, de todo o histórico de pilhagem e dominação de ambos. Não se trata de disfunções, mas de duas faces da mesma moeda, processos intrinsecamente determinantes e interligados.

3

Imperialismo: das guerras mundiais ao mundo bipolar

O ciclo de expansão neocolonial do século 19 é a primeira fase do imperialismo, expresso na partilha e domínio territorial da quase totalidade dos continentes africano e asiático. A racialização foi fator-chave na divisão da humanidade, baseada em argumentos supostamente científicos, para levar a cabo a dominação. Tal expansionismo foi impulsionado pelo ciclo de inovação da Segunda Revolução Industrial e representou a antessala dos conflitos mundiais da primeira metade do século 20.

Nesse sentido, a Grande Guerra (1914-1918) e a Segunda Guerra Mundial (1939-1945) representam o aprofundamento das contradições interimperialistas. Uma das consequências do primeiro conflito mundial foi justamente o colapso daqueles impérios que não lograram passar para o capitalismo maduro e sua expansão neocolonial, como o Russo-Czarista, o Austro-Húngaro e o Turco-Otomano. Cabe sublinhar que olhar o mapa da Europa antes da Primeira Guerra Mundial, assim como no Entre Guerras, na Guerra Fria e no período atual, demonstra com nitidez as bruscas flutuações de fronteiras no epicentro do mundo – e não sem muito derramamento de sangue e traumas.

A chamada Guerra de 31 Anos (1914-1945), período que engloba os dois conflitos mundiais, também não representou, como ficou expresso na narrativa vencedora, as lutas das potências liberais (França, Estados Unidos e Grã-Bretanha), contras as potências totalitárias sob os governos nazifascistas de Alemanha, Itália e Japão. Foi, isto sim, o conflito entre dois polos imperialistas, com o segundo sendo alijado de grandes extensões territoriais em decorrência da partilha neocolonial afro-asiática. Em ambos os casos, no entanto, tratava-se de governos assentados em racialização do inimigo, exploração econômica e em mais concentração de poder em âmbito doméstico.

Sim, ficou consagrado o racismo da Alemanha sob Hitler contra judeus, ciganos, comunistas, eslavos, entre outros – e há uma enormidade de filmes sobre o assunto. Mas o racismo dos japoneses na China, na Coreia e adjacências foi tão dramático quanto o de Hitler, mas permanece quase invisibilizado. Inclusive, os chineses chamam esse trauma de Holocausto Esquecido, enquanto persistem até hoje as reivindicações de povos dominados pelo Japão para que este repare as chamadas "mulheres de conforto" – eufemismo para designar as escravas sexuais da época. Há bons filmes sobre o massacre de Nanjing, como *John Rabe* ou *Flores da guerra*, mas o mais chocante é *Campo 731: Bactérias, a maldade humana*, que trata dos campos de concentração dos japoneses em Harbin, no nordeste da China. Lá, os prisioneiros eram submetidos a diversas torturas e experimentos, incluindo deixar as pessoas penduradas até a morte, injeção de ar, câmara de vácuo, choques, introdução de bactérias e vírus, dissecação de corpos vivos, congelamento de pessoas em vida etc.

Do lado dos vitoriosos, o que a narrativa dos vencedores ocidentais oculta é que o racismo dos norte-americano contra peles vermelhas, negros e *coolies* ou dos britânicos e franceses contra os povos de suas colônias era espantosamente cruel. E, durante a Segunda Guerra, os Estados Unidos, por exemplo, tinham campos de concentração com cerca de 120 mil pessoas – na sua maioria japoneses – sem falar no uso de bombas atômicas em Hiroshima e Nagasaki, consideradas desnecessárias militarmente, com seu balanço superior a 200 mil mortes.

E ainda: mesmo depois da guerra, alguns dos genocídios mais cruéis foram perpetrados pelos "civilizados", sobretudo durante a descolonização afro-asiática. Foi o caso dos franceses durante a luta pela independência da Argélia (1954-1962), quando houve mais de 300 mil mortos e cerca de 3 milhões de deslocados e refugiados de uma população de 10 milhões. A Guerra do Vietnã é outra dessas páginas sangrentas de luta de libertação nacional contra o imperialismo. A lista é gigantesca.

Ao se encaminhar o término da Segunda Guerra, os Estados Unidos já começam a assentar suas estruturas hegemônicas de poder. Ainda em junho de 1944, Washington capitaneou a criação do sistema Bretton Woods, baseado no Banco Mundial, no Fundo Monetário Internacional e no dólar lastreado em ouro, como moeda de referência global e com câmbio fixo ajustável. Enquanto respondia às instabilidades decorrentes tanto da crise de 1929 quanto da Segunda Guerra Mundial, o país assumia liderança sobre a ordem econômico-financeira global, aproveitando-se da destruição da Europa e da URSS. No caso dos soviéticos, foram vitimados cerca de 26 milhões de nacionais e destruídos 80% do seu parque produtivo industrial.

Além disso, foi estabelecido um sistema de bancos regionais para exercer ascendência através de mecanismos de financiamento, como foram os casos do Banco Africano de Desenvolvimento (1964), do Banco Interamericano de Desenvolvimento (1959) e do Banco Asiático de Desenvolvimento (1966). Ainda em termos econômicos, houve a criação do Acordo Geral sobre Tarifas e Comércio (GATT), em 1947, um instrumento para reduzir barreiras comerciais e impulsionar a abertura de mercados em favor das economias mais fortes. Ao dominar a moeda e a estrutura de crédito e financiamento global, Washington galvanizou sua **hegemonia** 🔗▼.

> 🔗 HEGEMONIA
>
> **Termo indicado para o país que exerce a supremacia sobre as estruturas de poder do sistema internacional através da combinação da força e do consentimento.**

À dianteira econômica, somou-se o fortalecimento do complexo industrial-militar estadunidense. Isso permitiu a conformação de um conjunto de organizações e alianças militares. A mais importante foi a Organização do Tratado do Atlântico Norte (Otan), em 1949, abrangendo a Europa Ocidental. O cerco de Washington ao bloco soviético se completou com a Organização do Tratado do Sudeste Asiático (Seato, na sigla em inglês), em 1954, envolvendo Austrália, Nova Zelândia, Filipinas, Tailândia e Paquistão, além de potências como Reino Unido e França; e a Organização do Tratado do Oriente Médio (Meto), formada em 1955, com Irã, Iraque, Paquistão, Turquia e Reino Unido. Formou-se um cordão sanitário por meio de uma política de contenção da URSS e de sua esfera de influência.

A própria criação da Organização das Nações Unidas (ONU), em 1946, também pavimentou a hegemonia estadunidense, pois o Conselho de Segurança reuniu quatro aliados (Estados Unidos, República da China/Taiwan, França e Grã-Bretanha) em oposição à URSS. Ademais, os fóruns regionais, como a Organização dos Estados Americanos (OEA), criada em 1948, dava curso ao seu poder regional no continente americano.

A dimensão cultural e ideológica é também crucial. A indústria hollywoodiana e as agências de notícias exerceram papel decisivo na construção de narrativas políticas, valores e padrões de consumo. Tudo isso deu curso às idéias e aos produtos *made in USA*.

Dessa maneira, os Estados Unidos dispunham de todos os meios para liderar a ordem mundial. O Plano Marshall para recuperação econômica europeia e a Doutrina Truman, voltada a conter a expansão soviética e as ideias comunistas, juntavam as pontas da dominação global estadunidense. O fato é que Washington conseguiu estruturar sua liderança pelo patrocínio de um paradigma tecnoprodutivo, pela supremacia na produção de ideias e, quando necessário, pelo emprego de sua superioridade militar.

Nesse sentido, em vez de um sistema bipolar, a Guerra Fria deu amplo curso à hegemonia dos Estados Unidos, enquanto a URSS apenas configurava um polo regional desafiante sob qualquer aspecto econômico, territorial ou demográfico. Ao mesmo tempo que o fim dos conflitos mundiais e a debilidade dos impérios coloniais europeus favoreceram Washington, abriram também fissuras sistêmicas. Foi um contexto de amplo processo de descolonização afro-asiático – e muitos dos novos países resultantes se independizaram engrossando o campo socialista.

Nesse quadro, em 1954, Índia e China firmam o Tratado de Panchsheel, acordo conhecido como Cinco Princípios da Coexistência Pacífica:

(1) respeito mútuo pela integridade e soberania territorial uns dos outros;
(2) não agressão;
(3) não interferência nos assuntos internos;
(4) igualdade e benefício recíproco;
(5) coexistência pacífica.

Este acordo inspirou a realização, em 1955, da Conferência de Bandung, reunindo 29 países na cidade homônima da Indonésia e abrangendo mais da metade da população mundial. O evento expressou forte reação ao colonialismo, conclamação à paz mundial e à observância dos princípios das Nações Unidas. Também contribuiu para a realização, em 1961, da primeira Conferência dos Países Não Alinhados. Tratava-se, em paralelo à luta anticolonial, da sinalização de diversos países contrários ao alinhamento com as duas superpotências,

Estados Unidos e URSS, suas respectivas esferas de influência e seus modelos sociopolíticos. Entre as lideranças do Movimento dos Não Alinhados, destacaram-se as personalidades de Nehru, da Índia, Sukarno, da Indonésia, Nasser, do Egito, Nkrumah, de Gana, Touré, da Guiné, e Tito, da Iugoslávia. Cabe ressaltar que não se pretendia neutralidade diante dos assuntos internacionais, mas, sim, uma postura não subserviente às duas superpotências. Estes países, de maneira geral, assumiram forte protagonismo diplomático.

Um dos efeitos da sinergia entre os países do então chamado Terceiro Mundo foi o estabelecimento do Grupo dos 77 na Assembleia Geral da ONU, em 1964, quando da criação da Conferência das Nações Unidas para o Comércio e Desenvolvimento (Unctad). Embora fundado pelo número de membros que deu nome ao agrupamento, logo passou a ter mais de uma centena de participantes, com seções do G77 nas principais organizações internacionais, como FAO, Unesco, FMI e Banco Mundial, por exemplo. Apesar de interesses comuns, era um conjunto muito amplo e heterogêneo de países, o que dificultava a convergência em muitos assuntos.

Em paralelo ao assim chamado "terceiro-mundismo", o campo socialista foi se ampliando aceleradamente na esteira do processo de descolonização. Mesmo que de atuação regional, o bloco desses países chegou ao ápice contabilizando 34 nações reivindicando o modelo socialista na virada dos anos 1970-1980. E, em quase todos os demais países, existiam partidos, organizações sociais e/ou sindicatos socialistas e comunistas exercendo algum grau de influência na cena política doméstica. Com maior ou menor força, estes foram sempre o pretexto dos Estados Unidos para promover e apoiar golpes durante (e muitas vezes depois) da Guerra Fria, contando com o papel de protagonismo de seu serviço de inteligência (CIA), criado em 1947.

Cabe relembrar alguns casos icônicos da presença norte-americana em situações internas de outras nações:

- ajuda militar para reprimir a revolução na Grécia até seu desfecho em 1949;
- recursos para partidos de direita na Itália do Pós-Guerra para conter o Partido Comunista;
- apoio ao golpe no Irã, em 1953, para pôr fim ao governo nacionalista de Mohammed Mosaddegh;

- deposição de Jacobo Árbenz na Guatemala em 1954 em favor do ditador Carlos Castillo;
- colaboração da CIA, em 1961, no assassinato do primeiro-ministro democraticamente eleito do Congo, Patrice Lumumba, e do governante da República Dominicana, Rafael Trujillo;
- em Cuba, toda sorte de conspiração, de guerra econômica e operações psicológicas, incluindo centenas de tentativas de assassinato de Fidel Castro, sempre em estreita colaboração com a máfia cubana de Miami;
- golpe de 1964 no Brasil, que depôs o presidente João Goulart, instalando um regime militar que durou mais de duas décadas;
- golpe que derrubou o presidente indonésio Sukarno, em 1965, considerado um dos maiores derramamentos de sangue da história;
- derrubada e assassinato do presidente democraticamente eleito Salvador Allende no Chile, em 1973, após todo tipo de sabotagem e conspiração;
- fornecimento de armas e financiamento para guerrilheiros jihadistas no Afeganistão para derrubar seu governo socialista e modernizador no período 1970-1980;

- operações na Polônia em apoio ao Sindicato Solidariedade (*Solidarnosc*), que pressionou o governo comunista local para mudar o sistema político de partido único e economia estatal; entre muitos outros casos nem tão famosos ou não tão bem-sucedidos.

Quando não por meio de golpes, os Estados Unidos se utilizavam de instrumentos para condicionar a economia de países emergentes. O caso do Brasil é emblemático, aliás. Um dos países que mais haviam crescido durante os anos de 1930 a 1980. Contudo, seu ciclo desenvolvimentista foi interrompido pela combinação de choques petrolíferos e por uma crise da dívida externa. Esta implicou aumento das taxas de juros nos Estados Unidos no início da década de 1980, que levou à espiral do endividamento, à redução dos investimentos e à elevação da carga tributária. Desde então, o Brasil (e vários países latino-americanos) viram seu ciclo de desenvolvimento se encerrar, o que, combinado com a agenda neoliberal do **Consenso de Washington** 🔗 ▶ (1989), colocou a região em situação muito difícil. Ou seja, há formas abertas e outras mais sutis para enquadrar países da periferia, como ficou patente mais uma vez.

> **CONSENSO DE WASHINGTON**
>
> **Receituário neoliberal baseado em ajuste fiscal, privatizações, abertura comercial, desregulamentação financeira, desuniversalização de direitos, entre outros.**

Assim, durante a Guerra Fria, Washington se utilizou do discurso do "mundo livre" para perseguir opositores nas democracias ocidentais, implantar golpes no Terceiro Mundo e sustentar governos conservadores ou se aliar a eles. É claro que os alinhamentos e as alianças não estão condicionados pelo tipo de regime político, mas pelo grau de estabilidade e confiança conferido. Por isso, historicamente, mobilizaram os mais variados conceitos para legitimar sua atuação, da noção excepcionalista do **Destino Manifesto** ▶ à de nação indispensável; do combate ao "império do mal" soviético aos Estados párias ou "eixo do mal" da atualidade; dos artifícios político-diplomáticos de ataque preventivo às justificativas "legais" baseadas na intervenção humanitária ou na responsabilidade de proteger; das operações subterrâneas baseadas em *freedom fighters* (lutadores pela liberdade) talibãs aos golpes militares e à eufemística política de mudança de regime recente; e do arbítrio das prisões de Guantánamo (em Cuba) e/ou Abu Ghraib (no Iraque) às políticas de extermínio com uso de drones.

> DESTINO MANIFESTO
>
> **Criada em 1845, a expressão dá conta da crença estadunidense acerca de sua missão divina de se expandir territorialmente, supondo estar levando para outras regiões e outros povos a civilização e o progresso.**

O exemplo dos drones é elucidativo por vários aspectos. Primeiro, os Estados Unidos empregam estes meios contra o que Washington define como "focos de terror". Segundo, se estabelece uma guerra do Departamento de Estado e da CIA remotamente, por meio desses aviões-robôs, de maneira não declarada e portanto ilegal. Terceiro, os drones têm provocado inúmeras mortes de civis, que são tratados apenas como "efeitos colaterais". Há violação de soberania, desrespeito às organizações internacionais, atropelo do direito internacional e violência contra populações civis. Sob alegação de combater o terror, Washington impõe um terrorismo de Estado contra povos pobres, como os do Iêmen, do Afeganistão e do Paquistão.

O caso do Iêmen é particularmente dramático, pois o governo dos Estados Unidos e seu aliado, a Arábia Saudita, intervêm numa nação em crise, preocupados exclusivamente com a possibilidade de o governo iemenita vir a se aproximar do Irã – e, para isso, comete violações de toda sorte, incluindo bombardeios com drones.

Em suma, uma rápida olhada na história dos seus dois maiores expoentes, Grã-Bretanha e Estados Unidos, revela como as narrativas têm legitimado um conjunto muito concreto de interesses estratégicos das potências. No passado ou na atual globalização, como veremos, o imperialismo muda formas e meios, mas longe está de deixar de ser parte central da dinâmica internacional. Desde os primórdios do liberalismo até os dias de hoje, produzir consentimento é parte decisiva de qualquer processo de dominação e indispensável para o exercício de uma hegemonia. Por isso, deve-se ressaltar que em política (internacional, especialmente), a retórica e a lógica intrínseca do poder guardam pouca semelhança, embora a primeira seja essencial para a segunda.

4

Imperialismo e globalização: novos entrelaçamentos

A queda do muro de Berlim e a desintegração do bloco soviético marcaram o fim da Guerra Fria. Anunciava-se a Era da Globalização. Um mundo sem fronteiras, verdadeira aldeia global. Uma sociedade do conhecimento conectada por redes. Outros tantos falavam do fim dos Estados, das classes sociais e até das fronteiras. Houve os que preferiam falar em um mundo pós-industrial. E também aqueles que proclamavam o fim das ideologias, a dissolução das matrizes políticas, das divisões entre esquerda e direita. Chegou-se a falar no **fim da história** 🔗 ▶, como anunciavam seus entusiastas, pois era a vitória inexorável do capitalismo liberal e do livre mercado, considerados o último estágio da evolução da humanidade.

FIM DA HISTÓRIA

O filósofo e economista nipo-americano Francis Fukuyama publicou o artigo *O fim da história?* em 1989, argumentando que a difusão mundial das democracias liberais e do livre mercado representava o fim da evolução sociocultural da humanidade. O artigo deu origem ao livro publicado no Brasil como *O fim da história e o último homem*.

A força dessas narrativas era tamanha que se cunhou a expressão "pensamento único". Qualquer dissidência em relação a esses discursos implicava ser alguém antiquado, verdadeiro "dinossauro intelectual". Foi uma máquina de produzir consenso e aniquilar divergências. Serviu de justificativa para cada acontecimento. Foi a estratégia de legitimação para defender ideias políticas liberais. Dessa forma, as narrativas da globalização anunciavam a crise ou o definhamento dos Estados em favor de um mercado mundial livre e integrado. Não fazia mais sentido falar em planejamento governamental, políticas de desenvolvimento, projeto nacional, protecionismo, mercado interno e um conjunto de outros termos associados.

A realidade, contudo, era outra. A desigualdade dentro dos países se aprofundava. Nações que se submetiam ao **neoliberalismo** ▼ viam crescer os problemas sociais e a economia ser ultrapassada pela de países que rejeitaram tais orientações. Os Tigres Asiáticos (Cingapura, Coreia de Sul, Hong Kong e Taiwan) e depois a China, por exemplo, foram os que mais se modernizaram e melhoraram os indicadores sociais a partir de um forte intervencionismo estatal em favor do desenvolvimento nacional. E, com o fim da URSS, as assimetrias internacionais aumentaram, permitindo aos Estados Unidos uma condição inédita de hegemonia, que redundou num crescente recurso à força unilateral.

> NEOLIBERALISMO
>
> **Retomada das ideias liberais clássicas a partir de Hayek, Friedman e Mises. Embora originada nos anos 1940, só se difundiu globalmente a partir da década de 1980. Essa doutrina socioeconômica advoga que o Estado se ausente do mercado, capaz de autorregular-se, e combate o Estado do Bem-Estar Social, de corte intervencionista.**

Evidentemente, têm ocorrido mudanças sistêmicas, sobretudo no campo tecnológico. Desde a década de 1970, foram desencadeadas as inovações da revolução tecnológica, ou Terceira Revolução Industrial, como conteinerização, robótica, biotecnologia, informática, internet, entre outros. Isso agrega estruturas, processos e fenômenos emergentes à contemporaneidade das relações internacionais. O equívoco é supor que Estado-mercado e soberania-globalização em algum momento foram pares antagônicos na formação do sistema mundial. Na verdade, historicamente, foram os países mais desenvolvidos (e soberanos) que mais se integraram à ordem mundial.

A nova onda tecnológica encurtou distâncias, não resta dúvida, mas a verdade é que essa tendência tem sido permanente desde a Primeira Revolução Industrial. Nesse sentido, os contêineres, por exemplo, representam mais um ciclo de inovação nos transportes, como foram os trens ou o setor automotivo em ciclos industriais anteriores, cujo efeito é a integração de mercados, com diminuição de distâncias e redução de fretes. A logística atual acelerou os fluxos e, combinada com a rastreabilidade, permitiu uma profunda integração das cadeias produtivas globais.

O advento dos computadores, depois conectados à internet, facilitaram drasticamente as comunicações.

Os *smartphones* fizeram os computadores passarem para a palma da mão, estando à disposição o tempo todo. Essa foi a base para grandes mudanças. A informação passou a depender cada vez mais de portais e outras mídias. A instantaneidade das comunicações não implicou democratização, pois um punhado de agências controlam o fluxo de notícias. Aliás, isso tem mudado não apenas a dinâmica das comunicações, mas a da própria opinião pública e, com efeito, o jogo político contemporâneo.

O comércio eletrônico (*e-commerce*) e a publicidade têm disparado e se deslocado para as redes sociais, potencializados por Facebook, Instagram e Tik Tok. O consumo de cultura e entretenimento tem se utilizado cada vez mais de *streaming* (Netflix, Spotify etc.). Não apenas o consumo, mas a produção de subjetividade está submetida aos algoritmos, que, embora sob a mais ilusória sensação de livre-arbítrio, têm sido ferramentas que potencializam a máquina de produzir informação e valores.

Aqui, cabe uma nota: as narrativas dominantes não se sustentariam se fossem simples mentiras. Se elas se sustentam, é porque são construídas a partir da seleção de aspectos virtuosos do *hegemon* contrapostos a aspectos viciosos do inimigo. Tais fatos, reunidos e descontextualizados, têm poder ideológico para produzir consentimento em torno de variados assuntos – e mesmo contra o autointeresse dos trabalhadores e dos países periféricos.

A integração da programação computadorizada nas máquinas possibilitou a robótica na produção, a internet das coisas e as impressoras 3D. O *Big Data* e a inteligência artificial têm um potencial nunca antes experimentado. Como todas as grandes inovações, suas capacidades dependem de como são apropriadas: podem impulsionar grandes corporações a firmar seus monopólios, assim como estimular potências a produzir desestabilizações políticas, mas podem também contribuir para o desenvolvimento e a melhoria da gestão pública (*e-gov*) nos mais variados âmbitos.

O toyotismo, com sua produção *just in time*, integrou as cadeias produtivas, diminuindo estoques, customizando produtos, acelerando a produção. Este modelo industrial otimiza o ciclo insumos-produção-venda, acompanhado de sistemas de controle de qualidade e pesquisas de mercado. Se é possível dizer que há maior integração das cadeias produtivas globais, seus elos estão distribuídos conforme a complexidade tecnológica. Os países desenvolvidos controlam os setores de maior valor agregado, enquanto os da periferia se ocupam de insumos e etapas mais simples de produção.

Nessa nova etapa produtiva, os trabalhadores precisam ser multifuncionais e ter qualificações para lidar com máquinas cada vez mais sofisticadas. Paralelamente, forma-se uma rede de subcontratações terceirizadas e de serviços precarizados. A crescente vulnerabilidade das condições de trabalho impacta segmentos cada vez mais amplos das classes trabalhadoras.

A assim chamada "uberização" do trabalho elimina direitos como férias, previdência, seguro desemprego etc., enquanto intensifica a competição. Ao mesmo tempo, enfraquece ou faz desaparecer a representação sindical, esvaziando a organização dos trabalhadores. As terceirizações ou microempresas individuais são também mecanismos de precarização das condições de trabalho. No fundo, são modelos para transferir custos para o próprio trabalhador (automóvel, combustível, telefone, previdência) e desonerar o capital, sob a falsa ilusão do empreendedorismo e das consequentes autonomia e flexibilidade de horários.

Em outras palavras, não estamos vendo nascer outro sistema produtivo, mas, sim, o desenvolvimento de mais uma revolução produtiva do capitalismo, que, em vez de anunciar um mundo novo, tem aprofundado suas tendências principais e estruturantes. O mundo do pós-Guerra Fria trouxe novidades, de fato, mas estas – e as narrativas propagandísticas da globalização – contribuíram para camuflar contradições. O que se viu foi o aprofundamento sem igual da concentração de riqueza e poder, das rivalidades interimperialistas, das dinâmicas centro-periferia e das políticas de recurso à força.

Em termos econômicos, as narrativas obscurecem a realidade, ao passo que as novidades turvaram a compreensão de tendências estruturais. De forma alguma se criou um mercado global de capitais, seja pelos vínculos territoriais do capital, seja pela preponderância dos mercados nacionais para qualquer experiência de desenvolvimento. Não existe mercado supranacional, mas dinâmicas interestatais assimétricas e desiguais. Tampouco as corporações se tornaram propriamente mundiais; na verdade, são empresas nacionais de atuação global, absolutamente vinculadas a lealdades nacionais. Isto é, o processo decisório, a inovação e a remessa de lucros sempre se concentram na matriz – e estão sob constante proteção e promoção do país de origem.

Os países desenvolvidos sequer interromperam a tendência ao aumento do peso do setor público no PIB, medido por indicadores como carga tributária, por exemplo. Apesar do ataque aos trabalhadores através das políticas neoliberais, as potências sabem que sua inserção global (e a de suas corporações) depende do poder estatal. Por isso mesmo, o neoliberalismo serviu muito mais para "chutar a escada" dos países em desenvolvimento – em outras palvras, desarticular as políticas de desenvolvimento estatais dos países periféricos.

Mesmo nos Estados Unidos, onde impera o discurso liberal do *self made man* e, de fato, as políticas sociais são precárias, o Estado está na base do processo de inovação, criação de mercados, organização dos setores da economia, competição internacional etc. Assim, o aparelho estatal assume os investimentos mais arriscados, socializando riscos, enquanto o setor privado se apropria dos benefícios. A oposição Estado *versus* mercado não resiste à história do capitalismo e do desenvolvimento dos países ricos.

Nos Estados Unidos, aliás, há um complexo sistema de inovação, que passa pelo Pentágono, pela Agência de Projetos de Pesquisa Avançada (Darpa), pelo Programa de Pesquisa para a Inovação em Pequenas Empresas (Sbir), entre muitos outros organismos. O caso da Apple, vista como obra de um gênio (Steve Jobs), dependeu de 12 tecnologias desenvolvidas sob patrocínio estatal, desde a internet até a bateria.

Não haveria nenhuma grande corporação estadunidense sem o suporte decisivo do Estado, seja pelas compras governamentais, seja pelo apoio à inovação ou, até mais importante, pela abertura e pelo apoio ao domínio de terceiros mercados. Tanto as tradicionais Lockheed Martin, Raytheon e Boeing, atuantes nos setores aeroespacial e de defesa, quanto as gigantes de tecnologia recentes, como Facebook, Twitter, Google, Amazon e Microsoft, sempre tiveram enormes contratos governamentais via agências de inteligência ou Departamento de Defesa dos Estados Unidos. O complexo industrial-militar do país é absolutamente dependente dos recursos públicos e das guerras.

Mas esse mesmo Estado, tão presente em apoio ao setor produtivo, foi o mais débil na proteção social entre os países ricos. Ao contrário das nações da Europa Ocidental, sobretudo as nórdicas, que construíram robustos Estados de bem-estar social, os Estados Unidos, mesmo sendo a superpotência econômica, apresentou constantemente políticas sociais mais precárias e menos universalizantes. Não por outra razão, durante a pandemia de Covid-19, o país teve uma gestão lastimável da crise sanitária, com o recorde mundial em número total de mortes, revelando um sistema de saúde privado oneroso e ineficaz.

Apesar do discurso de nascimento de um mundo novo com a Era da Globalização, a realidade é muito mais turva e turbulenta. Em países sob a égide do neoliberalismo, as desigualdades se tornaram mais agudas. O refluxo do Estado de bem-estar social expôs amplos segmentos populacionais à miséria e ao desalento. Cabe comparar a realidade da América Latina com a dos países da Ásia Oriental: os primeiros, sob agenda neoliberal, vêm passando por desindustrialização e baixo dinamismo econômico, enquanto os Tigres Asiáticos originais (Hong Kong, Taiwan, Coreia do Sul e Cingapura) e os novos (Vietnã, Malásia etc.), sob forte dirigismo estatal, apresentam acelerado desenvolvimento.

Além de fragilizar países, o neoliberalismo proporcionou uma inédita instabilidade internacional desde os anos 1990. Foram sucessivas crises financeiras, a começar pela mexicana em 1994-1995, denominada pela imprensa mundial de "Efeito Tequila". Depois, veio a crise asiática em 1997-1998, com crises bancárias em vários países, inclusive os até então pujantes Tigres Asiáticos. Seguiu-se a crise russa em 1998, gerando inadimplência e desvalorização do rublo. O Brasil registrou forte desvalorização do real em 1999, como efeito de enormes déficits no balanço de pagamentos. Em 2000, foi a vez do estouro da bolha das empresas "ponto com" da internet e subsequente desvalorização de suas ações nos Estados Unidos. No ano seguinte, a Argentina entrou em colapso econômico, com crise do sistema bancário e caos institucional.

A grande crise, contudo, foi a do *subprime* em 2008 nos Estados Unidos, considerada a maior do capitalismo desde o *crash* da Bolsa de Nova York em 1929. Essa crise resultou do estouro de uma bolha de investimentos em hipotecas imobiliárias em razão de um sistema de financiamento completamente desregulado e especulativo. O banco de investimento Lehman Brothers faliu, enquanto outros, como o

Goldman Sachs e o Morgan Stanley, pediram crédito emergencial ao Federal Reserve (FED), o banco central americano. O governo estadunidense aprovou um programa de resgate (estatal) de 700 bilhões de dólares, salvando várias empresas, entre elas a automobilística General Motors.

A crise abalou a economia mundial, arrastando a Europa a outro ciclo de crise a partir de 2011 e levando países à bancarrota, como os chamados "PIIGS" (Portugal, Itália, Irlanda, Grécia e Espanha). A fuga de capitais e a queda nas bolsas fizeram governos irem socorrer empresas e bancos, tornando crítica a situação fiscal desses países e arrochando a população. Em suma, a economia desregulada e instável sob a égide neoliberal nem promoveu dinamismo na economia mundial, nem lhe deu estabilidade.

Mesmo na crise, ficaram patentes tanto o papel dos Estados quanto as assimetrias internacionais. A capacidade financeira está enlaçada aos meios militares, como trabalharemos em outro capítulo. Mais do que nunca, os Estados Unidos e seus aliados usufruíram da enorme superioridade geoeconômica e geopolítica para impor sua agenda e se recuperar. Mesmo que a crise tivesse sido provocada pelo predomínio da agenda neoliberal, os Estados Unidos e a Alemanha, na União Europeia, mobilizaram suas capacidades para garantir a retomada da economia e a preservação de seus interesses estratégicos.

Por óbvio, o sistema internacional continua sendo estrututrado pelos Estados (mais poderesos), mesmo quando aparentam ser feitas por grupos terroristas. A Era da Globalização não pariu uma suposta "vontade geral" da comunidade internacional, mas aprofundou o etnocentrismo e o imperialismo com roupagem de universalismo. Às vezes, para assegurar a paz e expandir a civilização, outras vezes para promover o mercado livre e os direitos humanos. Pode ser também uma intervenção humanitária ou baseada na responsabilidade de proteger, mas também pode ser para eliminar armas de destruição em massa. Ora, é preciso colher as lições históricas, pois, desde o colonialismo do século 16 até as intervenções estrangeiras contemporâneas, sempre aparecem molduras ideológicas de legitimação.

Em suma, o imperialismo persiste porque sequer os resquícios do colonialismo territorial acabaram. A França tem diversos territórios ultramarinos, como Guiana Francesa, Polinésia Francesa, Ilhas Maurício, Martinica, entre outros. A Grã-Bretanha domina Gibraltar e um sem-número de ilhas, incluindo Malvinas

(Falkland), Bermudas, Cayman, Santa Helena, Virgens etc. – sem falar no domínio até 1997 de Hong Kong. Os Estados Unidos ainda dominam Guam, Samoa, Porto Rico, Ilhas Marianas... Mas, para além do domínio territorial direto, o imperialismo persiste, sobretudo, porque a natureza do capitalismo tende à incessante acumulação e concentração de riqueza e poder. Porque, desde a sua origem, a força do capital e dos Estados (dominantes) estiveram imbricados, combinando dominação e exploração.

Em outras palavras, mais do que nunca, os Estados estão na base dos processos de desenvolvimento. São as capacidades estatais que garantem arrecadação e gestão de recursos a partir de instituições e de um sistema de regras, além da implementação de políticas públicas, da imposição da ordem e da garantia da defesa nacional. Aliás, o próprio argumento em favor da erosão da soberania estatal não é outra coisa senão o direito cedido aos países mais fortes de violar a autodeterminação dos países mais fracos. A confusão aumenta porque há a soberania, de um lado, e o crescente protagonismo das organizações internacionais e seus sistemas de governança, de outro. Não obstante sua importância, é óbvio que seus sistemas de normas, ligados aos direitos humanos e à democracia, não estão desassociados dos interesses de potências em escala global. Ou seja, a globalização aprofundou assimetrias entre as nações, desigualdades sociais e violência em escala global. Os meios do imperialismo são multifacetados e sofisticados. É por esta razão que as lutas anti-imperialistas representam o estágio supremo das lutas de classes, embora estas assumam diversas formas, entrelaçando as dimensões de redistribuição (via superação da divisão social do trabalho) e reconhecimento (via superação dos processos de desumanização). Por isso, a questão nacional e a luta anticolonial são centrais.

5
Estados Unidos: fase superior do imperialismo

Se o imperialismo representou a fase do capitalismo maduro (monopolista-financeiro), os Estados Unidos encarnam o imperialismo em sua máxima expressão – e não apenas pelo poder acumulado nas dimensões econômicas, políticas, militares e culturais desde o final da Segunda Guerra Mundial. O grau de hegemonia alcançado foi inédito, considerando o domínio material e simbólico, bem como sobre as estruturas hegemônicas de poder, instituições internacionais e corporações.

Desde sua independência, em 1776, e antes de se tornare potência hegemônica, os Estados Unidos estiveram imersos em guerras. Em mais de 90% da sua história, o país envolveu-se em combates e conflitos em todos os quadrantes do planeta, sem falar nas atividades conspiratórias de seu serviço de inteligência.

Além disso, não é verdade que os Estados Unidos diferiam das outras potências por dispensar a expansão territorial colonial. Primeiro, porque das trezes colônias originais até a atual conformação do mapa político, os Estados Unidos anexaram ou adquiriram territórios de países diversos, como França, Grã-Bretanha, Rússia e, sobretudo, México. Segundo, Washington estabeleceu a situação semicolonial em Cuba após derrotar os espanhóis; dominou as Filipinas durante 48 anos; e estabeleceu a peculiar condição de "Estado Livre Associado" a Porto Rico. Terceiro, estabeleceu enclaves coloniais como Guantánamo, em Cuba, o Canal do Panamá, entre 1903 e 1979, e Guam.

Para além do controle territorial direto, Washington detém atualmente cerca de 750 bases em pelo menos 80 países. A título de comparação, em 2020, os Estados Unidos gastaram mais de 770 bilhões de dólares em defesa, mais do que investiram, juntos, os 10 países seguintes no *ranking* desse tipo de aplicação. Segundo o Instituto Internacional de Pesquisa para a Paz, de Estocolmo, a China gastou

252 bilhões; a Índia, 73 bilhões; a Rússia, 62 bilhões; e o Reino Unido, 59 bilhões de dólares. A assimetria de força é notável.

Esse poder e sua infraestrutura militar global têm feito parte da estratégia imperialista dos Estados Unidos, que mescla intervenções militares, golpes de estado, patrocínio de guerras por procuração, enclaves coloniais, diversos mecanismos de embargo e sanções, entre outros. Essa lógica e ímpeto belicista se explica, em parte, pelo papel do complexo industrial-militar no epicentro do processo decisório. Somado aos setores petrolífero e financeiro (Wall Street), esses *lobbies* combinam a hipertrofia do poder executivo ao excepcionalismo da política externa estadunidense.

Nesse sentido, com o fim da Guerra Fria e do anteparo geopolítico representado pela URSS, abriu-se um campo livre para a atuação global de Washington. As guerras no Iraque-Kuwait (1990), na Iugoslávia durante os anos 1990, no Afeganistão (2001), no Iraque (2003) e na Líbia (2011) dão a dimensão de uma escala militarista sem freios, à margem do consentimento das organizações internacionais ou extrapolando suas normas. O balanço é trágico: depois de duas décadas de ocupação do Afeganistão, o país continuou pobre, fragmentado e com crescimento da produção de droga (ópio); o Iraque, que era potência industrial na região, foi destruído; a Líbia, maior índice de desenvolvimento humano (IDH) da África, foi esfacelada.

Em política, jamais se pode confundir discurso e prática. É sob a bandeira da democracia que Washington tem figurado em uma série de promoções de golpes de estado através da CIA e/ou do apoio às piores ditaduras do século 20 (Pinochet no Chile, Marcos nas Filipinas, Somoza na Nicaraguá, Mobutu no Congo-Kinshasa, ditaduras do Golfo Pérsico). Inclusive internamente, o país tem histórico de frequentes restrições domésticas a direitos civis, como bem ilustra a paranoia anticomunista do **período macartista**, cuja perseguição a jornalistas, artistas e intelectuais foi recorrente e severa. Sob a bandeira de defensores dos direitos humanos, os Estados Unidos também guardam uma trajetória de uso de armas químicas. São os casos de napalm na Coreia, dioxina no Vietnã e fornecimento de gás mostarda para utilização do Iraque contra os curdos, bombas com urânio empobrecido contra os sérvios... E sublinhem-se ainda outros truques sujos legitimadores de guerras, como o atentado ao encouraçado *Maine* em Cuba, em 1898, ou o ataque no golfo de Tonquim, em 1964, que levou à declaração formal de guerra ao Vietnã do Norte. Com relação às armas químicas iraquianas, foi feito todo tipo de maquinação, inclusive derrubar o diretor da Organização para a Proibição de Armas Químicas (Opaq), que trabalhava para resolver diplomaticamente o impasse. Isso quando não ocorrem prisões e execuções extrajudiciais.

PERÍODO MACARTISTA

Durante a década de 1950, ocorreu uma verdadeira "caça às bruxas" nos Estados Unidos, censurando e perseguindo cidadãos do país supostamente ligados ao comunismo, cerceando as liberdades civis, censurando e coagindo intelectuais, jornalistas, artistas etc.

Outro expediente muito utilizado pelos Estados Unidos são as sanções e os embargos unilaterais. Atualmente, as medidas mais duras são contra Cuba, Venezuela, Irã, Coreia do Norte, Síria e Rússia, entre outros. Contra a Coreia, remonta aos anos 1950 e é justificada pelo seu programa militar e nuclear; contra Cuba, vem de 1962, após a crise dos mísseis; no Irã, resulta da revolução de 1979; e, nos casos de Síria e Sudão, sob alegação de violação de direitos humanos nos dois países. A cruel dominação marroquina no Saara Ocidental, o autoritarismo retrógrado das petromonarquias e/ou a caricata ditadura do Turcomenistão sequer recebem atenção da mídia ocidental ou oposição dos Estados Unidos. Da mesma forma, o governo estadunidense sequer se pronuncia sobre o *apartheid* e as violações internacionais realizadas por Israel na Palestina. Óbvio, não se trata do quão disfuncional é o país ou seu regime, mas seu papel no tabuleiro internacional para Washington.

Na atualidade, os Estados Unidos penalizam 34 nações através da sua Oficina de Controle de Ativos Estrangeiros (Ofac). Na América Latina, a Venezuela sofre com mais de 150 medidas unilaterais, incluindo bloqueio de divisas e ouro próprios depositados em bancos estrangeiros. Já Cuba tem um rol superior a 240 sanções, estimado em mais de 140 bilhões de dólares de prejuízo em cerca de meio século. No caso do Iraque, calcula-se em até

500 mil mortes, muitas delas de crianças por desnutrição, em consequência das sanções impostas ao país durante os anos 1990. Ou seja, não é possível analisar as disfunções e os desacertos em qualquer dos países mencionados, seja em âmbito econômico, seja político, sem levar em conta o cerco, as ameaças militares, a sabotagem, o bloqueio de patrimônio e assim por diante. Não existe desenvolvimento nem democracia sob estado de sítio!

Obviamente, as motivações de Washington não são altruístas, mas seletivas e voltadas apenas a países desafiantes ou não alinhados. Algumas das piores ditaduras violadoras de direitos humanos, como a saudita, não somente estão imunes a tais ações, como são aliadas privilegiadas na região. Do memo modo, os programas nucleares de aliados, como Israel, não estão sujeitos a inspeções nem a tratados, como o Tratado de Não-Proliferação de Armas Nucleares (TNP).

O fato é que tais embargos e sanções unilaterais revelam o desrespeito às organizações multilaterais e ao direito internacional. Além disso, apresentam resultados questionáveis, pois, de modo geral, provocam sofrimentos à população civil e até fortalecimento dos governos. O próprio Conselho de Direitos Humanos das Nações Unidas publicou um informe, dizendo que as sanções freiam o desenvolvimento e prejudicam a todos, principalmente a população civil mais vulnerável.

Na condição de *hegemon* de que gozam os Estados Unidos, os órgãos multilaterais não foram arquitetados para partilhar poder nem são impeditivos à sua atuação internacional; ao contrário, foram constituídos para ampliar sua capacidade de governança global, legitimando e estabilizando o *status* de superpotência. Por essas e outras, nem a oposição e nem o veto de outras potências no Conselho de Segurança da ONU foram suficientes para impedir intervenções estadunidenses em todos os quadrantes. O que assistimos na atualidade é a uma crescente dificuldade dos Estados Unidos de liderar o sistema por meio dessas mesmas organizações internacionais. A multipolarização em curso desde o início do século 21 cria anteparo ao *hegemon,* mas, simultaneamente, faz que Washington atue à margem da construção de mecanismos coletivos de governança global.

A "Guerra Global ao Terror" é elucidativa desse quadro. Sob o pretexto de aniquilar a Al Qaeda após os atentados terroristas de 11 de setembro de 2001, os Estados Unidos desencadearam inúmeras intervenções. Para tanto, legitimaram suas ações sob o pretexto de acabar com o terrorismo. Ironicamente, trata-se do mesmo país que apoiou o islamismo militante e sectário, desde a luta antissoviética no Afeganistão nos anos 1980 até a atual Frente Al Nusra, milícia atuante para derrubar Assad na Síria. E, em nome dessa cruzada, vale todo todo tipo de desumanização, massacre contra populações civis, uso de violência arbitrária promovida por serviços secretos (CIA) e esquadrões de morte, transformação de sociedades em reféns através de embargos, entre outras iniciativas.

Faz parte desse gigantesco aparato militar a mobilização de uma gramática ideológica de guerra. Através do controle da mídia, o discurso imperialista dos Estados Unidos vilaniza e vitimiza conforme seus interesses militares. São o maniqueísmo e a plasticidade dos conceitos que permitem legitimar as intervenções. Contra os "terroristas", "fundamentalistas" e "ditadores", a polícia do mundo se arvora no direito de agir. Com todos os métodos possíveis, messianicamente, contra os "bárbaros" da vez, para salvar o Ocidente, formado por civilizados, modernos, democráticos, judaico-cristãos etc.

Assim, o controle global da mídia pelos Estados Unidos e seus aliados é decisivo. A produção de emoções e indignação cria o caldo de cultura. Atualmente, os novos meios técnicos – além de televisão, celulares, computadores e redes sociais – potencializam o renovado "marketing de guerra" ao inflar o ódio da opinião pública e coagir os indecisos. A guerra psicológica desumaniza e demoniza a vítima a ponto de legitimar e espetacularizar qualquer desestabilização e/ou guerra. A todo intervencionismo é dado contorno de inspiração democrática e humanitária, enquanto diversos países são destruídos.

Ou seja, sob a alegação de ser o promotor da democracia, dos direitos humanos e do livre mercado, os Estados Unidos, com seus aliados, se autorizam a violar a soberania e intervir em outros países. E assim tem sido o nexo entre imperialismo e liberalismo. Nunca o intervencionismo ocorreu sem um suposto universalismo. O **excepcionalismo** ▶ do xerife internacional valida-se pela condição de intérprete dos valores universais, sancionando a lei do mais forte no campo internacional e eternizando a guerra, cujos propósitos nunca foram altruístas, obviamente.

🔗 EXCEPCIONALISMO

Ideia de singularidade de alguns, que vem do século 18, que, no nosso caso, se refere à ideologia que confere um direito divino aos Estados Unidos e, com efeito, legitima sua ação global como nação eleita, entrelaçando uma dimensão política a outra religiosa e messiânica.

Os golpes do século 21 têm se multiplicado sob diversas formas. Podemos destacar as chamadas "revoluções coloridas" antiestadunidenses (Geórgia, das Rosas, em 2003; Ucrânia, a Laranja, em 2004-2014; Quirguízia, das Tulipas, em 2005); os golpes constitucionais em Honduras (2009), Paraguai (2012) e Brasil (2016); além da Primavera Árabe, cuja atuação externa tem ficado muito evidente. São mobilizadas entidades públicas e privadas – National Endowment for Democracy, Usaid, Freedom House, Open Society; diversas ONG"s fazendo as vezes dos missionários etc.

Após provocar as mudanças de regimes (*regime change*), tais "democracias protegidas" se tornam reféns. A dependência econômica e a fragilização da soberania se combinam por meio de imposições do FMI ou da instalação de bases militares, por exemplo. Ajustes macroeconômicos neoliberais alienam empresas públicas, destroem o parque produtivo nacional, enfraquecem políticas de desenvolvimento, fazem retroceder a proteção social, entre outros movimentos.

Além dos meios indiretos, os Estados Unidos têm expandido e fortalecido a Otan, aliança militar constituída para conter a URSS e que não deixou de existir com o fim da Guerra Fria. Seus membros fundadores eram 12; agora, já são 30, sendo grande parte países do antigo bloco socialista e membros da ex-URSS. Em 1997, ocorreu sua maior expansão, incluindo 14 países, num contexto em que a Rússia estava profundamente fragilizada, mergulhada em hiperinflação, declínio do PIB, redução da expectativa de vida, diminuição da população, expansão da pobreza e da desigualdade...

Foi criada também, em 1989, a figura de "aliado extra-Otan" pelo Congresso dos Estados Unidos. Mesmo que não garanta a defesa mútua, como ocorre com membros plenos, proporciona vantagens militares e financeiras, enquanto projeta o poder estadunidense para além do escopo prioritário do Atlântico Norte. Há a participação de países tão diversos quanto distantes, como Austrália, Japão, Coreia do Sul, Egito, Colômbia, Marrocos, Filipinas, Tailândia, Paquistão e Israel, entre outros.

Os Estados Unidos passaram a ter sob seu controle uma organização responsável por mais de 70% do total de gastos militares de todo o mundo. Se durante a Guerra Fria a Otan não havia realizado operações militares, ironicamente, com o fim da URSS, ela se expande, fortalece e passa a estabelecer ações bélicas. Entre as principais, destacam- se a intervenção em 1992 no quadro de dissolução da Iugoslávia, incluindo a Guerra do Kosovo; depois, a intervenção no Afeganistão a partir dos atentados de 11 de setembro de 2001, que se estendeu por duas décadas. Em 2004, a Otan enviou missão de treinamento e formação das forças de segurança iraquianas; em 2009, foi a vez da missão de combate à pirataria no Golfo de Aden contra os piratas da Somália. No quadro da Primavera Árabe, ocorreu em 2011 a agressão à Líbia, violando a resolução do Conselho de Segurança da ONU, que determinava apenas a proteção dos civis.

O entrelaçamento de tecnologias de comunicação mobilizadas para a *psywar* (guerra psicológica) com os novos meios técnicos para a guerra (Revolução nos Assuntos Militares, ou RAM) altera as relações de força no plano internacional. A RAM se dá através do comando do espaço e da inteligência artificial, com automação de diversas operações, como munições guiadas, drones, ciberguerra etc. Esses novos meios têm permitido recorrentes intervenções diretas no Afeganistão (2001), no Iraque (1991-2003) e na Líbia (2011). Sem falar em utilização de ataques com drones, promoção de prisões, campanha de *kill/capture* (matar/capturar) e contratos com mercenários.

Em suma, os Estados Unidos alcançaram notável poder ao longo do século 20 e início do 21. O país representa a fase superior do imperialismo, porque logrou sofisticar sua atuação. Por isso, é preciso ter cautela quando se discute seu declínio relativo. Não só porque goza de muito poder, mas porque a perda relativa de poder o faz mais imprevisível e disfuncional. E tudo isso se torna mais complexo com a ascensão da China e a recuperação da Rússia. Esse é o ponto onde se joga o grande jogo que está a definir os caminhos da nova ordem mundial em formação.

5.1. O cerco imperialista à Rússia e à China

Na atual conjuntura internacional, os Estados Unidos enfrentam dificuldades crescentes, embora ainda sejam o país mais poderoso do mundo. Mais do que problemas internos, como endividamento ou desigualdades sociais e raciais, o país se vê perplexo diante da mudança da correlação de forças internacionais. Sobretudo a irrefreável ascensão da China e o fortalecimento da Rússia têm mudado a geografia do poder mundial. Isso determina que o comportamento dos Estados Unidos se torne mais errático e a transição sistêmica mais inflamada.

No caso da Rússia, a ampliação do alcance da Otan aparece como uma das principais ameaças. Diante da expansão desse organismo, de agressões e violações do direito internacional, a Rússia, desde o início da gestão de Vladimir Putin (2000), tem buscado impor limites à ampliação dessa aliança militar. Não parece exagerado, por isso, que Moscou busque estabelecer limites ao avanço da organização que está sob a liderança de Washington. Atualmente, a fronteira imediata da Rússia já dispõe de batalhões da Otan em países como Estônia, Letônia, Lituânia e Polônia.

Cabe analisar os conflitos na Geórgia e na Ucrânia como exemplos. Em 2008, a Geórgia fustigou suas províncias autônomas de maioria russa, a Ossétia do Sul e a Abecásia, para atingir Moscou. A Rússia deu pronta resposta, chegando próximo à capital georgiana. Enquanto Washington e a Otan ameaçavam o governo russo, Moscou simplesmente ignorava e reconhecia a autonomia das províncias de maioria russa – inclusive como resposta à independência do Kosovo de 2007. Na Ucrânia, em 2022, Moscou protege a região de maioria russa e demonstra sem titubear sua oposição à expansão da Otan. Em ambos os casos, a Rússia estabeleceu uma "linha vermelha" para a expansão ocidental. Diante disso, os Estados Unidos não têm meios de fazer valer seus interesses pela guerra. Devemos reconhecer, contudo, que essa estratégia de Washington cumpre alguns objetivos, como turvar o caráter fascista do governo chauvinista ucraniano, afastar Bruxelas (União Europeia) de Moscou e reforçar a imagem de uma Rússia expansionista e agressiva.

A história é diferente do que a mídia ocidental diz do comportamento da Rússia. As invasões se deram em sentido contrário, com expansões ocidentais em território russo, desde os Cavaleiros Teutônicos do Papa (início do século 18), passando pelas tropas francesas de Napoleão Bonaparte (início do século 19) e culminando na destruição do país após a invasão da Alemanha nazista durante a Segunda Guerra Mundial. Não se trata, pois, de paranoia.

Para além das invasões, o entorno russo tem sido objeto de sistemáticas políticas de desestabilização, contenção, cerco e ameaças. Diferentemente dos golpes militares típicos da Guerra Fria, os mecanismos se sofisticaram e se tornaram mais efetivos. Assim, a projeção de força vai além de bases militares e armas nucleares em países vizinhos, incluindo tentativas de neutralizar e intimidar a Rússia com a construção de escudos antimísseis na Europa (Romênia, Polônia). Basta inverter o raciocínio para ficar transparente como é inaceitável para a Rússia essa lógica de cerco e ameaças. E se Moscou tivesse todos os países do Caribe e América Central em sua aliança militar e quisesse ainda envolver México e Canadá, incluindo a distribuição de ogivas nucleares e escudos antimísseis nos países da região? Sem falar que a Rússia não tem uma fração do histórico de invasões e guerras dos Estados Unidos.

A imposição de sanções e embargos às empresas e ao Estado russo feita por Estados Unidos e União Europeia vêm desde 2014, quando a Crimeia voltou ao controle de Moscou após um plebiscito no qual mais de 80% da população votou e quase 98% escolheu se integrar à Rússia. Com relação às sanções, os resultados não foram os esperados pelos países ocidentais, pois Moscou intensificou o desenvolvimento de setores dependentes do exterior e ainda aplicou sanções a esses países, causando grandes prejuízos aos europeus.

Ainda assim, a mídia ocidental continua construindo uma narrativa russofóbica e de vilanização de Putin. Como vemos, a Rússia está defendendo seus interesses diante de cerco e ameaças recorrentes. Está claro que a questão de fundo é a aversão ocidental a uma Rússia assertiva, defensora de um mundo multipolar. Isso, sim, é o que desagrada profundamente o *hegemon* estadunidense.

Ademais, deve-se considerar que esse cerco promovido pelos Estados Unidos à Rússia arrasta a Europa a inúmeros impasses. Por um lado, Bruxelas tem vínculos históricos com Washington desde o Pós-Guerra. Por outro, a dependência energética europeia da Rússia é expressiva – e deve se tornar mais estratégica com o Gasoduto Nord Stream 2, construído entre Vyborg, na Rússia, e Greifswald, na Alemanha, através do Mar Báltico.

Com relação à China, o cerco é igualmente impressionante. Primeiro, houve tentativas de desestabilização e fragmentações territoriais, insuflando movimentos separatistas em Xinjiang, Tibete, Hong Kong e Taiwan. Segundo, o fomento, a partir de seus aliados, dos litígios no Mar do Sul da China, sobretudo nas ilhas Spratly, bem como a solidariedade ao Japão nas disputas pelas ilhas Senkaku/Diaoyu. Soma-se a isso a presença estadunidense na Bacia do Pacífico com forte aparato militar em países como Coreia do Sul, Japão, Tailândia, Malásia e Filipinas, além do controle de bases militares em Guam e no Havaí, também recrudescida com o anúncio da construção do escudo antimísseis Terminal de Defesa Aérea para Grandes Altitudes (Thaad na sigla em inglês) na Península Coreana.

O novo consenso bipartidário estadunidense tem sido sobre a China como principal potência desafiante e sobre a necessidade de dispor de estratégia para sua contenção. É nesse sentido que se enquadram as duas alianças impulsionadas pelo governo voltadas a lidar com a ascensão chinesa: o Diálogo de Segurança Quadrilateral (Quad), fórum estratégico informal que envolve Estados Unidos,

Japão, Austrália e Índia, e a aliança Aukus, que inclui Estados Unidos, Reino Unido e Austrália.

O problema para os Estados Unidos é que esses países apresentam uma sinergia econômica crescente com a China e, com isso, o custo de sustentar o alinhamento diplomático com Washington tem se ampliado. Assim, o *hegemon* precisa ofertar paradigmas de desenvolvimento e integração em vez de se concentrar principalmente em estratégias de contenção e uso da força.

A aproximação sino-russa vem se intensificando desde o início do século 21 e é a variável-chave da nova configuração de poder emergindo no mundo. A China já se tornou o maior parceiro comercial da Rússia e tem interação em diversos setores estratégicos. É o caso, por exemplo, da energia, como evidenciam os gasodutos e oleodutos recém-construídos e os demais projetados que devem aumentar essa sinergia bilateral.

Se, por um lado, o imperialismo dos Estados Unidos e seus aliados se faz mais errático e potencialmente disruptivo, por outro, voltamos a ter países com capacidade de fazer frente à hegemonia do país-líder. Foi o suporte russo em 2015 que evitou a desintegração da Síria e levou à derrota do autoproclamado Estado Islâmico. Foi também o apoio do governo russo à Venezuela que concorreu para evitar uma escalada militar fomentada por Estados Unidos e Brasil em 2019.

No caso da Ucrânia, contudo, o uso da força em 2022 revelou a impotência da Otan para seguir sua trajetória de expansão, assim como de frear a política russa voltada para garantir a segurança sobre seu entorno regional. Também a China tem servido de anteparo aos Estados Unidos em diversas rusgas – na Península Coreana sobretudo. Aliás, a crescente assertividade da China é um dado novo das relações internacionais.

Em suma, o imperialismo não apenas não desapareceu como está potencializado. Combina meios cada vez mais sofisticados de atuação, entrelaçando dimensões econômicas, políticas, midiáticas e jurídicas. Por isso, ele se expressa por meio de diversos mecanismos de desemancipação e expropriação. Por exemplo, a própria imposição de agendas liberalizantes através de FMI e do Banco Mundial foram mecanismos eficazes de desmonte de projetos nacionais e subjugação de países periféricos.

O fato é que o mundo está numa encruzilhada. Prenhe de contradições, a atuação do imperialismo estadunidense tem potencial explosivo. Crise econômica, pandemia, conflitos regionais podem ser o estopim para um ciclo de violência típico das transições sistêmicas.

6
A China é imperialista?

Antes de abordar a questão do "imperialismo chinês", é importante considerar o debate existente em torno do tema em dois âmbitos fundamentais: a presença da China na África e a ambiciosa *Belt and Road Initiative* ("Iniciativa Cinturão e Rota") de Pequim, aqui chamada de **Nova Rota da Seda** 🔗 ▼.

> 🔗 NOVA ROTA DA SEDA
>
> **Uma estratégia de desenvolvimento chinesa lançada em 2013 por Xi Jinping. Trata-se de um projeto de integração primeiramente voltado para a Eurásia e assentado em infraestrutura. Progressivamente, tem se convertido num projeto de escopo global e com abrangência em outras dimensões e outras regiões.**

6.1. O caso da África

Diante do imperativo de devolver a centralidade analítica e política para o conceito de imperialismo, certos grupos autodefinidos "de esquerda" erram o alvo. Muitas vezes, alargam o conceito a ponto de considerar que a China é neoimperialista. Quase sempre, esta definição se baseia no fato de o país oriental "exportar capital" e/ou "importar recursos naturais e alimentos" de países periféricos. Contudo, isso revela não apenas imprecisão conceitual, mas profundos equívocos políticos.

Tal narrativa se torna mais contundente no caso das relações da China com os países africanos. Além de ser o maior parceiro comercial do continente, a China é um dos mais importantes investidores e prestadores de ajuda oficial ao desenvolvimento na região. Essa interação tem sido intensificada desde o fim da Guerra Fria – marcado inicialmente pela queda do Muro de Berlim (1989) e, depois, pela dissolução da União Soviética (1991) e o colapso do campo socialista. Por um lado, a China buscava apoio internacional, tendo em vista a tentativa dos Estados Unidos e aliados de isolar o país após a repressão aos protestos na Praça da Paz Celestial em 1989. Por outro lado, o continente africano viu nas relações com a China uma forma de compensar a marginalização decorrente dos efeitos da globalização neoliberal, cujos resultados se fizeram sentir na regressão do PIB, bem como no quadro de proliferação de epidemias e crises políticas no continente.

Além de eclipsar as relações comerciais da África com outras potências (Estados Unidos, França etc.), a China ultrapassou o montante de investimento dos Estados Unidos na região desde 2014. Tais investimentos chineses não guardam nenhuma semelhança com as relações imperialistas estabelecidas pelas potências europeias com os países africanos. Não apenas pelo fato de cerca de 75% dos trabalhadores utilizados serem africanos, mas sobretudo porque as aplicações se dirigem em sua ampla maioria a obras de infraestrutura energética e de transporte. Sabe-se, por óbvio, que a principal debilidade dos países periféricos é a infraestrutura, um impeditivo crucial para qualquer atividade industrial ou desenvolvimento do setor de serviços, seja de saúde, seja de educação, lazer ou qualquer outro. Alguns investimentos, aliás, têm fomentado a industrialização por meio de Zonas Econômicas Especiais (ZEEs) – estratégia que foi importante também para alavancar o próprio desenvolvimento chinês.

Muitos desses investimentos ocorrem em estreita cooperação multilateral. O Fórum de Cooperação China-África (Focac), criado em 2000, promove conferências ministeriais a cada três anos e elabora ambiciosos planos de ações. Há diversos fóruns estabelecidos no âmbito do próprio Focac, tais como o Fórum do Povo China-África, o Fórum de Jovens Líderes China-África, o Fórum Ministerial de Cooperação em Saúde China-África, o Fórum de Cooperação Mídia China-África, a Conferência de Desenvolvimento e Redução da Pobreza China-África, o próprio Focac, o Fórum Jurídico e o Fórum China-Cooperação entre Governos Locais, entre outros. Tudo isso em articulação estreita com as políticas da União Africana. Agora, a Nova Rota da Seda pode ser chave para impulsionar o Programa para o Desenvolvimento de Infraestruturas em África (Pida) no âmbito da Nepad, a Nova Parceria para o Desenvolvimento da África. Cabe reiterar que a construção de planejamento e investimentos de longo prazo são o xis da questão do desenvolvimento desses países.

Quanto ao desenvolvimento no continente africano, a ajuda chinesa tampouco é desprezível. A assistência externa tem ocorrido sem violar a soberania dos Estados envolvidos, o que é importante, particularmente para países recém-saídos da condição de colônia. A ferrovia entre Tanzânia e Zâmbia, até hoje uma das maiores obras de infraestrutura da África, fruto de acordo assinado em 1967 e concluída em 1975, foi pioneira dessa interação.

O crescimento da ajuda ao desenvolvimento prestado pela China tem crescido no século 21. Em 2018, aliás, Pequim estabeleceu a Agência de Cooperação para o Desenvolvimento Internacional da China (Cidca) para aprimorar seu modelo de ajuda ao desenvolvimento, centrado em fluxos financeiros de natureza concessionária (donativos, empréstimos sem juros). Já os créditos e os investimentos ficam a cargo do Fundo de Desenvolvimento China-África, no âmbito do Banco de Desenvolvimento da China, ou do Fundo de Cooperação Industrial China-África, no âmbito do Banco Export-Import da China. São formuladas e implementadas políticas públicas de grande relevância, que vão desde formação profissional para extensão agrícola, passando por ensino técnico e superior, até assistência de saúde pública, entre outras.

O argumento de que a China impõe e/ou reforça uma divisão do trabalho, fazendo dos países africanos meros exportadores de recursos naturais, precisa ser matizada em muitos níveis. Deve-se sublinhar que a trajetória de desenvolvimento de qualquer país implica partir de estruturas produtivas pouco sofisticadas, como exemplificado pela própria China até os anos 1980. Tampouco se pode afirmar que coube à China – mas sim aos países colonizadores– a manutenção da condição periférica dos países africanos. Ademais, é falacioso o argumento de que a China está adquirindo grande parte das terras agricultáveis e colonizando o continente. Além de serem extensões modestas, a maior parte dos investimentos agrícolas chineses tem impulsionado a produção para mercados locais. E, como passa ao largo de muitos analistas, a exportação de *commodities* em si é importante, tanto para as contas externas quanto para alavancar ramos industriais ligados ao setor rural – como não deixa mentir a própria trajetória dos Estados Unidos, o maior exportador agrícola do mundo.

Basta observar algumas obras para ver como elas mudam a geografia do país. No Quênia, a melhoria do porto de Mombaça e a construção de um porto moderno na ilha de Lamu, com previsão de oleodutos ligando à Uganda e ao Sudão. No Djibuti, destacam-se o sistema de dutos para transporte de água potável da Etiópia, bem como a modernização da ferrovia Etiópia-Djibuti, de 752,7 quilômetros. No Egito, país que liga a África à Europa e à Ásia, atravessado pelo Canal de Suez, há enormes investimentos, incluindo a construção de uma nova capital. Outros investimentos transnacionais e regionais em infraestrutura são a ferrovia Mali-Guiné; o oleoduto Chade-Camarões; a ferrovia Sudão-Chade-Níger-Mali-Senegal; e o Projeto Transáqua, referente ao desvio de água envolvendo a República Centro-Africana e o Chade. Esses investimentos, definitivamente, não são os problemas da África!

Estes já são alguns elementos para problematizar se as narrativas ocidentalistas acerca do caráter imperialista ou neocolonial da China na África dispõem de substância. Primeiro, convém considerar que mesmo leigos são capazes de compreender as diferenças da inserção chinesa no continente africano em comparação com a atuação das potências neocolonialistas, por exemplo.

É imperativo levar em conta que as relações internacionais são repletas de assimetrias e contradições, impregnadas de interesses estatais e corporativos.

Depurando todo idealismo possível, é também inegável que as relações sino-africanas não têm sido baseadas em qualquer imposição de modelos político-institucionais ou de ajustes macroeconômicos, ao contrário dos liberais, que ocorrem nos programas de ajuda do FMI e do Banco Mundial. Também não há histórico de práticas de desestabilização, golpes de estado e/ou intervenções militares. Não bastasse, os investimentos, o financiamento e a ajuda ao desenvolvimento de modo algum confrontam a agenda central dos países periféricos – não obstante suas próprias divergências internas.

Agora, como os países exploram tais condições para se desenvolver? Isso depende de um projeto nacional e da capacidade de explorar as brechas internacionais. A própria China se utilizou de investimentos estrangeiros para internalizar capacidades produtivas e tecnologias. Mas o mais enigmático é supor que sem as relações com países emergentes, como Brasil e China, a realidade dos países africanos poderia ser mais fácil no âmbito internacional.

Portanto, é óbvio que qualquer governo estabeleça a cooperação defendendo seus interesses estratégicos, assim como faz a China. Os erros são outros:

ou esperar apenas altruísmo ou turvar diferenças profundas entre interesses e relações coloniais. Aliás, é no mínimo ingênuo não buscar entender a lógica desse alarde, qual seja, a perda de espaço das antigas potências nesse continente.

6.2. A Nova Rota da Seda

Em 2013, Xi Jinping apresentou pela primeira vez a Nova Rota da Seda, cujo primeiro fórum bianual foi realizado em 2017. De lá para cá, mais de uma centena de países e diversas organizações internacionais passaram a participar da iniciativa chinesa. Trata-se do mais ambicioso projeto de integração do mundo contemporâneo, que foi lançado com escopo eurasiático, mas já se configura nitidamente como um projeto chinês de globalização.

Com isso, a China visa criar demanda para a supercapacidade ociosa de sua indústria nacional; promover segurança alimentar e energética; abrir acesso ao conjunto de recursos naturais necessários à manutenção do projeto de desenvolvimento chinês; e ainda potencializar a internacionalização de empresas e a exportação de serviços nacionais, principalmente de engenharia. A questão de fundo, contudo, é que o projeto fortalece a liderança geoeconômica e geopolítica da China, ampliando seu efeito gravitacional na região e no mundo.

Embora a iniciativa chinesa seja frequentemente apresentada como "neoimperialista", assim como sua presença na África, nada parece estar mais distante da realidade. Ao contrário, não obstante assimetrias e conflitos, dada a dimensão da Nova Rota da Seda, trata-se de oportunidades inéditas para países periféricos fazerem avançar sobretudo seus setores de infraestrutura de energia, transporte e comunicação. Sabemos que tais setores são tão dispendiosos quanto essenciais ao desenvolvimento – e frequentemente não estão ao alcance desses países.

Uma das formas de deslegitimar a iniciativa chinesa decorre do próprio financiamento de tais obras. Tem sido recorrente a questão da assim chamada "armadilha da dívida" (*debt trap*), ou como Pequim supostamente subordina seus parceiros pelo endividamento, sobretudo agora com a Nova Rota da Seda. Ironicamente, muitos desses argumentos partem dos países ocidentais, cujos histórico de levar países à bancarrota não caberia nestas linhas – mas exemplo disso são as crises da dívida nos anos 1980 e os ajustes impostos pelo FMI nos anos 1990 após crises financeiras.

Considerando a abrangência da Nova Rota da Seda e o número de projetos envolvidos, é natural que haja reveses e problemas. O próprio governo chinês busca regulamentar as instituições financeiras e as empresas estatais, por vezes com atuação fragmentada ou não coordenada integralmente – pois competem entre si por desempenho. Ademais, os governos beneficiários buscam tais investimentos a qualquer preço, em razão de uma teia de interesses políticos domésticos, apresentando projetos nem sempre adequados e, por isso, com implicações políticas, sociais e ambientais contraditórias. Inclusive em razão disso, o governo chinês emitiu os Princípios Orientadores sobre o Financiamento do Desenvolvimento do Cinturão e Rota e a Sustentabilidade da Dívida como forma de responder às críticas. A questão de fundo é que Pequim tem se projetado a partir de investimentos em infraestrutura, deixando Washington e seus aliados à margem da transformação geoeconômica que ocorre na periferia do sistema.

Outra narrativa recorrente informa que a Nova Rota da Seda constitui um novo Plano Marshall chinês. Inegavelmente, tanto o Plano Marshall – o programa norte-americano de ajuda à Europa após a Segunda Guerra Mundial, no período 1948-1951 – quanto a Nova Rota da Seda surgiram em momentos disfuncionais da ordem mundial, como as grandes guerras e a crise financeira de 2007-2008, projetando suas respectivas lideranças. Tais iniciativas permitem impulsionar as exportações de economias com excesso de capacidade e demanda fraca nos mercados globais; projetar sua moeda e ampliar sua esfera de influência financeira; enfrentar um rival da vez ao promover a atração de parceiros e esferas de influência. Entre as singularidades, cabe destacar que a iniciativa chinesa não enfatiza os fatores ideológicos tanto quanto o Plano Marshall, enlaçado na Doutrina Truman e na oposição à Cortina de Ferro, que englobava países da Europa de Leste atrelados à liderança soviética. A Nova Rota da Seda não se restringe a um bloco antissistêmico e tampouco busca subverter as organizações internacionais.

O elemento central da atual conjuntura é que o projeto chinês de globalização e o eixo sino-russo representam o maior desafio ao *hegemon* desde o fim da URSS – é o maior desafio à globalização neoliberal e ao imperialismo centrado em Washington. Agora, os Estados Unidos atuam basicamente tentando conter e interditar a ascensão da China, em vez de ofertar meios econômicos e institucionais para estabilizar a ordem. Diferentemente da URSS, por sua vez, a China é uma potência financeira e tecnológica com penetração global.

A estratégia estadunidense é insuficiente para lidar com a China. Discurso antichinês e política de contenção via alianças militares não levará outros ao afastamento de seu principal parceiro comercial ou investidor. Por isso, o efeito gravitacional da China torna o alinhamento com os Estados Unidos cada vez mais disfuncional. E essa disjuntiva é um xis da questão atual.

A China não apenas não é uma potência emergente imperialista, como tem tido papel decisivo para frear os ímpetos dos Estados Unidos. Colocar tudo no mesmo balaio é um erro conceitual, pois parametriza realidades díspares, sendo também um erro político, pois revela a incapacidade de entender a correlação de forças e as mudanças sistêmicas em curso. Se é possível dizer que o dinamismo chinês cria competições assimétricas, é obrigatório constatar que sua lógica de atuação dispensa a natureza coercitiva do imperialismo.

Mas não só isso: a China é uma força estabilizadora da ordem e promotora do desenvolvimento – além de experimentar o mais notável progresso social da história sob a gestão de um Partido Comunista.

Palavras finais

O imperialismo tem futuro? A combinação de colapso do campo soviético e ascensão da narrativa da globalização produziu um triunfalismo sem precedentes nos setores conservadores e liberais. Ao mesmo tempo, segmentos do campo progressista capitularam, mesmo que inconscientemente, a muitas dessas ideais. Pensadores e lideranças de esquerda abandonaram ou até desacreditaram conceitos como imperialismo – e também outros, chaves, como luta de classes e desenvolvimento nacional.

Paradoxalmente, o imperialismo caiu em desuso no exato momento em que o mundo posterior à Guerra Fria fez recrudescer tanto a polarização de riqueza por meio de diversos mecanismos de expropriação quanto a escalada intervencionista aberta ou dissimulada. Ora, a verdade é que nunca se viu uma combinação tão avassaladora de tecnologias de guerra e poder multimidiático. O imperialismo se tornou um sistema ainda mais complexo de dominação. Assim, as lutas anti-imperialistas deveriam se tornar o centro aglutinador e norteador de todas as lutas sociais por emancipação.

Não obstante suas nuances, é justamente a questão nacional que engloba os elementos políticos para que os países periféricos possam lidar com o imperialismo. Por óbvio, além do desenvolvimento e da soberania ligados à questão nacional, os países emergentes podem desempenhar papel-chave no movimento de multipolarização e fortalecimento das instituições internacionais – contraposto ao unilateralismo intervencionista e à agenda liberalizante irradiada a partir dos Estados Unidos.

Por isso, a questão nacional é o enlace entre soberania e desenvolvimento e, por sua vez, o elemento aglutinador possível para as diversas lutas emancipatórias. Assim, parece estreita qualquer possibilidade de ações anti-imperialistas, tanto quanto de políticas emancipatórias, à margem de projetos nacionais de desenvolvimento e suas capacidades estatais. Nesse sentido, para além das especificidades de cada luta emancipatória, percebe-se uma crescente dificuldade de ultrapassar demandas de identidades legítimas por justiça e igualdade e/ou articular tais pautas a projetos coletivos abrangentes. Só que isso provoca uma armadilha ao conduzir à hiperfragmentação da luta política. Ou pior: a busca incessante por reconhecimento individual, constituindo verdadeiros rituais de autoafirmação e aprisionamento das pessoas numa característica unidimensional, enfraquecem a esfera pública e esvaziam qualquer princípio de universalidade.

O resultado é que as próprias lutas emancipatórias segmentadas se dissolvem diante da complexidade do sistema de dominação, transformando intentos legítimos em movimentos que cevam forças antagônicas ao desenvolvimento de países periféricos e às lutas anti-imperialistas. Não há dúvidas de que a complexidade das lutas sociais envolvem classe, gênero e raça em diversos aspectos. São pautas humanitárias, civilizatórias e universais. Evidentemente, particularidades foram invisibilizadas e reprimidas e até exploradas no seio do capitalismo. O próprio capitalismo, contudo, se apropriou de tais reivindicações para gerar produtos e mercados, quando não para precarizar o trabalho ao dissolver a solidariedade e os interesses comuns do trabalhador (sindicalizado) universal.

Todas essas lutas sociais emancipatórias se tornam inócuas se não estiverem articuladas ao anti-imperialismo. Pior, o próprio imperialismo se utiliza de pautas – como direitos humanos, democracia e direitos de minorias – para se afirmar globalmente, desde o colonialismo até as intervenções humanitárias. Portanto, em meio às encruzilhadas do sistema internacional, recuperar o pensamento crítico é a raiz do movimento consciente de transformação social. E os desafios que se apresentam não são pequenos.

Nesse quadro, a diplomacia brasileira não tem sido alentadora. Sob Jair Bolsonaro, que assumiu a presidência em 1º de janeiro de 2019, o Brasil provocou atritos com a China e a Argentina, seus principais parceiros comerciais. Tomou partido em eleições estadunidenses entre Trump e Biden, criando constrangimentos e ainda perdendo o aliado. Provou rusgas diplomáticas com Cuba, França, Noruega, entre outros, pelos mais variados motivos e sem relação com a defesa do interesse nacional. Até ameaçou escalar conflito com a vizinha Venezuela. Esvaziou a liderança brasileira na Comunidade de Estados Latino-Americanos e Caribenhos (Celac) e na União das Nações Sul-Americanas (Unasul). Colocou-se ao lado de ditaduras como a saudita em temas de direitos das mulheres. A lista de ações que rompem a própria tradição diplomática brasileira é infindável. Ora, num contexto de tantas mudanças sistêmicas e poder disruptivo do imperialismo, uma diplomacia tão desacertada pode cobrar um preço alto. Enfim, que o Brasil encontre seu lugar de protagonismo no Brics e na integração sul-americana enquanto o futuro do imperialismo segue potencialmente explosivo e incerto.

Saber mais

LIVROS E ARTIGOS

BANDEIRA, Luiz. *A desordem mundial.* Rio de Janeiro: Civilização Brasileira, 2016.

BATISTA Jr., Paulo. "Mitos da "globalização"". *Estudos Avançados*, 12 (32), 1998, pp. 125-186.

CHANG, Ha-joon. *Maus samaritanos.* O mito do livre-comércio e a história secreta do capitalismo. Rio de Janeiro: Elsevier, 2009.

KUMAR, Krishan. *Da sociedade pós-industrial à pós-moderna.* Novas teorias sobre o mundo contemporâneo. Rio de Janeiro: Zahar, 1997.

LOSURDO, Domenico. *A esquerda ausente.* Crise, sociedade do espetáculo, guerra. São Paulo: Anita Garibaldi, 2016.

__________. *A linguagem do império.* Léxico da linguagem estadunidense. São Paulo: Boitempo, 2010.

__________. *Contra-história do liberalismo.* São Paulo: Ideias & Letras, 2006.

OSÓRIO, Luís. I*mperialismo, Estado e relações internacionais.* São Paulo: Ideias & Letras, 2018.

PAUTASSO, Diego. "O imperialismo como sistema complexo de dominação: Uma abordagem a partir de Domenico Losurdo". *In:* PRESTES, Ana & PAUTASSO, Diego (ed.)

Teoria das relações internacionais: Contribuições marxistas. Rio de Janeiro: Contraponto, 2021, p. 79-96.

__________. "Estados Unidos, liberalismo e imperialismo: Uma leitura a partir de Domenico Losurdo". *Tensões Mundiais.* v. 16, n. 31, 2020, pp. 143-164.

__________. & FERNANDES, Marcelo. "Soberania ou Globalização? Reflexões sobre um aparente antagonismo". *Austral: Brazilian Journal of Strategy & International Relations*, v.6, p.221-240, 2017.

FILMES

Syriana

2005, EUA, direção: Stephen Gaghan

Aborda a complexa geopolítica do petróleo, incluindo como o papel dos serviços de inteligência das potências imperialistas atuam sobre os países produtores, assim como a disputa das elites locais por projetos de modernização nacional.

Razões para a guerra

2006, EUA-FRA-ING-CAN, direção: Eugene Jarecki

Sobre o papel do complexo industrial-militar por trás do ímpeto imperialista dos Estados Unidos.

Caminho para Guantánamo

2006, ING, direção: Michael Winterbottom

Focaliza a repressão norte-americana contra jovens paquistaneses em Guantánamo. Interessante para refletir sobre como os Estados Unidos lidam com práticas imperialistas-autoritárias lançando mão do discurso de proprietários da democracia.

Ventos da liberdade
2006, GB-ESP-ALE-ITA-FRA-IRL, direção: Ken Loach

Trata da relação de minorias irlandesas dentro do Reino Unido e as lutas internas pelas formas da independência. Ou seja, como o liberalismo esteve entrelaçado a práticas de desumanização interna e internacionalmente.

Jogo de poder
2010, EUA, direção: Doug Liman

Apresenta toda a maquinação para tentar forjar o argumento da posse de armas químicas no Iraque, tendo apoio da CIA e da mídia, para legitimar a intervenção imperialista de 2003.

Jogos do poder
2007, EUA, direção: Mike Nichols

A atuação imperialista da CIA financiando os talebans no Afeganistão nos anos 1980 como forma de obstruir o regime socialista afegão.

A guerra do ópio
1998, CHI, direção: Xie Jin

Mostra a pilhagem imperialista ocidental na China e as diferentes formas de reação da elite chinesa.

Sérgio
2019, EUA, direção: Greg Barker

Evidencia a trajetória final do diplomata brasileiro Sérgio Vieira de Melo, dando ênfase a seus conflitos com os Estados Unidos, que tentavam obstinadamente intervir no Iraque em 2003, enquanto forjavam a narrativa da existênca de armas de destruição em massa em poder do governante iraquiano Saddam Hussein.

Sobre o autor

Sou professor de Geografia, de modo que a questão dos conflitos, as assimetrias internacionais e o uso da força pelas potências têm me inquietado há muito. Por isso, o tema do imperialismo, embora por vezes esquecido ou subestimado, merece uma análise mais detalhada, pois atravessa diversas áreas e é crucial para entender o mundo contemporâneo.

A temática internacional sempre esteve no centro das minhas preocupações ao fazer mestrado e doutorado em Ciência Política e estágio de pós-doutorado em Estudos Estratégicos Internacionais na UFRGS – Universidade Federal do Rio Grande do Sul. E é com esse interesse acadêmico que sou colaborador de alguns centros de estudos e realizo minhas pesquisas.

Sou autor de dois livros, *China e Rússia no pós-Guerra Fria* (Ed. Juruá, 2011) e *Teoria das relações internacionais:* Contribuições marxistas (Ed.

Contraponto/Anita Garibaldi, 2021), e leciono no Colégio Militar de Porto Alegre (RS). Espero que este livro provoque o leitor a refletir sobre a temática do imperialismo.

Instagram: @pautasso_diego

COLEÇÃO
INQUIETAÇÕES CONTEMPORÂNEAS

Idealização da coleção
Helena Maria Alves

Direção editorial
Mirian Paglia Costa

Coordenação editorial
Maria Ângela Silveira de Souza

Direção da coleção
Diego Pautasso

Coordenação da coleção
Caio Riter

Preparação & Revisão
Pagliacosta Editorial

Revisão técnica
Edson Antoni

Projeto gráfico, capa e diagramação
Juliana Dischke

Impresso no Brasil
Printed in Brazil

Formato – 12 X 18 cm
Mancha – 7,9 X 14,9 cm
Tipologia – Britannic e Minion
Páginas – 112